Claudia Sticher
Gerechtigkeit wie ein nie versiegender Bach

Für Norbert,

danke für Deine
Freundschaft
in den letzten
Jahren!

Viel Freude bei
der Lektüre

Claudia

20. 3. 2012

Claudia Sticher

Gerechtigkeit wie ein nie versiegender Bach

Das Buch Amos

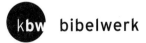

kbw bibelwerk

www.bibelwerk.de

ISBN 978-3-460-32125-0

Die Bibelzitate außerhalb des Buches Amos folgen der
Einheitsübersetzung der Heiligen Schrift
© 1980 Katholische Bibelanstalt GmbH, Stuttgart
Umschlagbild: Die Berufung des Propheten, Bamberger
Jesajakommentar (Reichenau, um 1000), Msc. Bibl. 76, fol. 11r;
Foto: © Staatsbibliothek Bamberg/Gerald Raab
Umschlag: Finken & Bumiller, Stuttgart
Layout: Medienagentur Hallenberger, www.tb-hallenberger.de
Gedruckt in der Tschechischen Republik.

Inhaltsverzeichnis

Meinem Vater
Richard Sticher (1941–2009)

I.   ÜBERSETZUNG

Völkerspruchzyklus (Am 1–2)

Amos 1

1 Die Worte des Amos,
   der zu den Schafzüchtern gehörte aus Tekoa,
   die er geschaut hat über Israel
   in den Tagen des Usija, des Königs von Juda,
   und in den Tagen des Jerobeam, des Sohnes des
      Joasch, des Königs von Israel,
   zwei Jahre vor dem Erdbeben.

2 Und er sprach: JHWH – vom Zion brüllt er,
   und von Jerusalem erhebt er seine Stimme,
   dann welken die Weiden der Hirten,
   und der Gipfel des Karmel vertrocknet.

3 So hat JHWH gesprochen:
   Wegen der drei Verbrechen von Damaskus,
   ja wegen der vier nehme ich es nicht zurück:
   Weil sie Gilead mit eisernen Dreschschlitten
      zermalmten.
4 So schicke ich Feuer in das Haus Hasaëls,
   dass es die Paläste des Ben-Hadad frisst.
5 Ich zerbreche den Riegel von Damaskus
   und rotte aus den Thronenden von Bikat-Awen
      (= Talebene des Bösen)

und den Zepterträger von Bet-Eden (= Haus
der Lust).
Und das Volk von Aram wird nach Kir in die
Verbannung gehen,
hat JHWH gesprochen.

6 So hat JHWH gesprochen:
Wegen der drei Verbrechen von Gaza,
ja wegen der vier nehme ich es nicht zurück:
Weil sie Weggeführte vollständig in die
Verbannung führten,
um auszuliefern an Edom.
7 So schicke ich Feuer an die Mauer von Gaza,
dass es ihre Paläste frisst.
8 Ich rotte aus den Thronenden von Aschdod
und den Zepterträger von Aschkelon.
Ich wende meine Hand gegen Ekron,
und der Rest der Philister wird zugrunde gehen,
hat der Herr JHWH gesprochen.

9 So hat JHWH gesprochen:
Wegen der drei Verbrechen von Tyrus,
ja wegen der vier nehme ich es nicht zurück:
Weil sie Weggeführte vollständig an Edom
auslieferten
und nicht mehr an den Bund mit ihren Brüdern
dachten.
10 So schicke ich Feuer an die Mauer von Tyrus,
dass es ihre Paläste frisst.

11 So hat JHWH gesprochen:
   Wegen der drei Verbrechen von Edom,
   ja wegen der vier nehme ich es nicht zurück:
   Weil er seinen Bruder mit dem Schwert verfolgte
   und sein Mitlied unterdrückte
   und sein Zorn dauernd zerriss
   und sein Grimm fortwährend bewachte.
12 So schicke ich Feuer nach Teman,
   dass es die Paläste Bozras frisst.

13 So hat JHWH gesprochen:
   Wegen der drei Verbrechen der Ammoniter,
   ja wegen der vier nehme ich es nicht zurück:
   Weil sie die Schwangeren von Gilead aufschlitzten
   um ihr Gebiet zu erweitern.
14 So zünde ich Feuer an der Mauer von Rabba an,
   dass es ihre Paläste frisst,
   beim Geschrei am Tage des Krieges,
   beim Tosen am Tage des Sturmes.
15 Ihr König wird in die Verbannung gehen,
   er zusammen mit seinen Beamten,
   hat JHWH gesprochen.

Amos 2

1 So hat JHWH gesprochen:
   Wegen der drei Verbrechen von Moab,
   ja wegen der vier nehme ich es nicht zurück:
   Weil es die Knochen des Königs von Edom zu
     Kalk verbrannte.

2 So schicke ich Feuer nach Moab,
  dass es die Paläste von Kerijot frisst.
  Und Moab stirbt im Getümmel,
  beim Geschrei, beim Schall des Widderhorns.
3 Ich rotte aus den Herrscher aus seiner Mitte,
  und all seine Beamten töte ich zusammen
    mit ihm,
  hat JHWH gesprochen.

4 So hat JHWH gesprochen:
  Wegen der drei Verbrechen von Juda,
  ja wegen der vier nehme ich es nicht zurück:
  Weil sie die Weisung JHWHs verwarfen
  und seine Satzungen nicht beachteten
  und ihre Lügen sie in die Irre führten,
  denen schon ihre Väter nachliefen.
5 So schicke ich Feuer nach Juda,
  dass es die Paläste Jerusalems frisst.

6 So hat JHWH gesprochen:
  Wegen der drei Verbrechen von Israel,
  ja wegen der vier nehme ich es nicht zurück:
  Weil sie den Gerechten für Geld verkaufen
  und den Armen wegen eines Paars Sandalen.
7 Sie treten in den Staub der Erde das Haupt der
    Geringen,
  und den Weg der Gebeugten beugen sie.
  Ein Mann und sein Vater gehen zum Mädchen,
  um den Namen meiner Heiligkeit zu entweihen.
8 Auf gepfändeten Kleidern strecken sie sich aus
  neben jedem Altar.

Wein von Bußgeldern trinken sie
im Hause ihres Gottes.

9 Ich aber habe den Amoriter vor ihnen vernichtet,
dessen Größe wie die Größe von Zedern war,
und stark war er wie Eichen.
Dennoch vernichtete ich seine Früchte oben
und seine Wurzeln unten.

10 Ich habe euch heraufgeführt aus dem Lande
Ägypten
und euch in der Wüste vierzig Jahre lang geführt,
um das Land des Amoriters in Besitz zu nehmen.

11 Einige von euren Söhnen habe ich zu Propheten
gemacht
und einige von euren jungen Männern zu
Nasiräern.
War es nicht wirklich so, Söhne Israels?
– Spruch JHWHs.

12 Doch ihr gabt den Nasiräern Wein zu trinken,
und den Propheten befahlt ihr:
Prophezeit nicht.

13 Seht, ich zerfurche unter euch,
wie ein Wagen zerfurcht,
der voll ist von geschnittenen Ähren.

14 Zugrunde geht die Zufluchtsstätte vor dem
Schnellen,
und den Starken stützt seine Kraft nicht,
und der Held rettet sein Leben nicht,

15 und der Bogenschütze bleibt nicht stehen,
und der schnelle Läufer rettet sich nicht,
und der das Pferd lenkt, rettet sein Leben nicht,

16 und der Mutige unter den Helden –
   nackt flieht er an jenem Tag
   – Spruch JHWHs.

Worte gegen Israel (Am 3–6)

Amos 3

1 Hört dieses Wort,
   das JHWH geredet hat gegen euch, Söhne Israels,
   gegen die ganze Sippe,
   die ich heraufgeführt habe aus dem Lande
      Ägypten:
2 Nur euch habe ich erkannt
   aus allen Sippen des Erdbodens.
   Deshalb suche ich an euch heim
   all eure Sünden.

3 Gehen zwei zusammen,
   ohne dass sie zusammentrafen?
4 Brüllt ein Löwe im Dickicht,
   und er hat keine Beute?
   Erhebt ein junger Löwe seine Stimme aus dem
      Versteck,
   ohne dass er gefangen hat?
5 Fällt ein Vogel auf die Erde,
   und ein Wurfholz hat ihn nicht getroffen?
   Springt das Klappnetz vom Erdboden auf,
   und es hat keinen Fang gefangen?
6 Oder stößt man ins Widderhorn in der Stadt,
   und das Volk zittert nicht?

Oder geschieht ein Unglück in der Stadt,
und JHWH hat es nicht bewirkt?

7 Denn der Herr JHWH bewirkt nicht irgendetwas,
wenn er seinen Plan seinen Knechten, den
Propheten, nicht geoffenbart hat.

8 Ein Löwe hat gebrüllt,
wer fürchtet sich nicht?
Der Herr JHWH hat geredet,
wer prophezeit nicht?

9 Lasst es hören über den Palästen in Aschdod
und über den Palästen im Lande Ägypten
und sprecht:
Sammelt euch auf den Bergen von Samaria
und seht das wilde Treiben in ihrer Mitte
und die Unterdrückten in ihrem Inneren.

10 Sie verstehen nicht, das Rechte zu tun,
– Spruch JHWHs.
Sie häufen Gewalttat und Zerstörung in ihren
Palästen auf.

11 Deshalb – so hat der Herr JHWH gesprochen –
wird ein Feind das Land umzingeln
und deine Macht von dir herabreißen,
und deine Paläste werden geplündert werden.

12 So hat JHWH gesprochen:
Wie der Hirt aus dem Maul des Löwen
zwei Wadenbeine oder ein Ohrläppchen
herausreißt,

15

so werden die Söhne Israels herausgerissen,
die in Samaria sitzen
an der Lehne des Diwans
und am Stützpolster des Bettes.

13 Hört und schärft es ein im Hause Jakobs,
   Spruch des Herrn JHWH, des Gottes der
      Heerscharen:
14 Ja, am Tag, an dem ich heimsuche die Verbrechen
      Israels an ihm,
   da werde ich heimsuchen an den Altären von
      Bet-El,
   und die Hörner des Altares werden abgehauen
   und zur Erde fallen.
15 Ich zerschlage das Winterhaus
   zusammen mit dem Sommerhaus,
   und zugrunde gehen die Häuser aus Elfenbein,
   und zu Ende ist es mit den zahlreichen Häusern
   – Spruch JHWHs.

Amos 4

1 Hört dieses Wort, ihr Baschankühe auf dem Berg
      Samarias,
   die die Geringen unterdrücken,
   die die Armen misshandeln,
   die zu ihren Herren sprechen:
   „Bring herbei, wir wollen trinken!"
2 Geschworen hat der Herr JHWH bei seiner
      Heiligkeit:

Ja, seht: Tage kommen über euch,
da schleppt man euch fort an Fleischerhaken,
und was von euch übrig bleibt, an Angelhaken.

3 Durch Breschen werdet ihr herausgehen, eine
   jede an ihrer Stelle,
und ihr werdet geworfen zum Hermon hin
– Spruch JHWHs.

4 Kommt nach Bet-El und übt Verbrechen,
nach Gilgal und übt noch mehr Verbrechen!
Bringt am Morgen eure Schlachtopfer dar,
am dritten Tag eure Zehnten!

5 Lasst in Rauch aufgehen vom Gesäuerten ein
   Dankopfer
und ruft freiwillige Gaben aus, lasst es hören!
Denn so liebt ihr es, Söhne Israels
– Spruch des Herrn JHWH.

6 Und auch gab ich euch Blankheit der Zähne in all
   euren Städten
und Mangel an Brot
an all euren Orten,
aber ihr seid nicht zu mir zurückgekehrt
– Spruch JHWHs.

7 Und auch verweigerte ich euch den Regen
drei Monate vor der Ernte.
Ich lasse regnen auf eine Stadt,
aber auf eine andere Stadt lasse ich es nicht
   regnen.
Ein Feld wird beregnet,
und ein Feld, auf das es nicht regnet, vertrocknet.

8 Und zwei, drei Städte wanken zu einer anderen
    Stadt,
  um Wasser zu trinken,
  aber sie werden nicht satt.
  Aber ihr seid nicht zu mir zurückgekehrt
  – Spruch JHWHs.

9 Ich schlug euch mit Kornbrand und Mehltau gar
    sehr,
  eure Gärten und eure Weingärten,
  und eure Feigenbäume und eure Olivenbäume
    frisst die Raupe ab.
  Aber ihr seid nicht zu mir zurückgekehrt
  – Spruch JHWHs.

10 Ich schickte euch die ägyptische Beulenpest,
   ich tötete eure jungen Männer mit dem Schwert,
   zusammen mit euren gefangenen Rossen,
   und ließ den Gestank eures Heerlagers aufsteigen
     in eure Nasen.
   Aber ihr seid nicht zu mir zurückgekehrt
   – Spruch JHWHs.

11 Ich stürzte bei euch um,
   wie Gott umgestürzt hat Sodom und Gomorra;
   da wart ihr wie ein aus dem Brand gerissenes
     Holzscheit.
   Aber ihr seid nicht zu mir zurückgekehrt
   – Spruch JHWHs.

12 Deshalb will ich dir folgendermaßen tun, Israel!
   Eben weil ich dir dies tun will,
   mach dich bereit, deinem Gott zu begegnen,
     Israel!

13 Denn siehe:
    Der Berge formt und Wind erschafft
    und der dem Menschen mitteilt, was sein
        Ratschluss ist,
    der Morgenröte zu Dunkelheit macht,
    und der einherschreitet auf den Höhen der Erde:
    JHWH, Gott der Heerscharen, ist sein Name.

Amos 5

1 Hört dieses Wort,
    das ich über euch anstimme als Totenklage, Haus
        Israel:
2 Gefallen ist, steht nicht mehr auf
    die Jungfrau Israel,
    liegt hingestreckt auf ihrem Boden,
    niemand hilft ihr auf.
3 Denn so hat der Herr JHWH gesprochen :
    Die Stadt, die als Tausendschaft auszieht,
    behält hundert zurück,
    und die als Hundertschaft auszieht,
    behält zehn zurück für das Haus Israel.

4 Denn so hat JHWH gesprochen zum Haus
        Israel:
    Sucht mich, dann werdet ihr leben!
5 Sucht nicht Bet-El
    und nach Gilgal geht nicht
    und nach Beerscheba zieht nicht hinüber,

denn Gilgal geht in die Verbannung,
und Bet-El wird zuschanden!

6 Sucht JHWH, dann werdet ihr leben,
damit das Haus Josef nicht wirksam wird wie
Feuer
und frisst und niemand für Bet-El löscht!

7 [Weh denen,] die Recht in Wermut verwandeln
und Gerechtigkeit zu Boden strecken.

8 Der das Siebengestirn und den Orion machte
und der zum Morgen die Finsternis wandelt
und den Tag zur Nacht verfinstert,
der den Wassern des Meeres zuruft
und sie ausgießt auf das Antlitz der Erde
– JHWH ist sein Name.

9 Der Verderben über dem Starken aufblitzen lässt,
und Verderben bricht über die Festung herein.

10 Sie hassen im Tor den, der zurechtweist,
und den, der Rechtes spricht, verabscheuen sie.

11 Deshalb, weil ihr den Geringen mit Pachtzins
belegt
und Kornabgabe von ihm nehmt:
Häuser aus Quaderstein habt ihr gebaut,
aber ihr werdet nicht darin wohnen.
Prächtige Weingärten habt ihr angepflanzt,
aber ihren Wein werdet ihr nicht trinken.

12 Denn ich habe eure zahlreichen Verbrechen
erkannt
und eure mächtigen Sünden.

Die den Gerechten bedrängen und Bestechung
   annehmen,
strecken die Armen im Tor nieder.

13 Deshalb schweigt der Einsichtige zu jener Zeit,
   denn es ist [eine] böse Zeit.

14 Sucht Gutes und nicht Böses, damit ihr lebt
   und JHWH, der Gott der Heerscharen, wirklich
      mit euch ist,
   wie ihr gesprochen habt!

15 Hasst Böses und liebt Gutes
   und richtet im Tor das Recht auf,
   vielleicht ist JHWH, der Gott der Heerscharen,
      dem Rest Josefs gnädig.

16 Deshalb – so hat JHWH, der Gott der Heerscha-
      ren, der Herr, gesprochen:
   Auf allen Plätzen Klage
   und in allen Gassen sprechen sie: Weh! Weh!
   Sie rufen den Landarbeiter zur Trauerfeier,
   zur Totenklage die Klagekundigen.

17 In allen Weingärten Klage,
   denn ich schreite durch deine Mitte,
   hat JHWH gesprochen.

18 Weh denen, die sich den Tag JHWHs
      herbeiwünschen!
   Was bedeutet euch denn „Tag JHWHs"?
   Er ist Finsternis, nicht Licht.

19 Wie ein Mann vor einem Löwen flieht,
   und ein Bär fällt ihn an,
   er dann aber doch noch ins Haus entkommt

und sich mit seiner Hand an der Wand aufstützt
– da beißt ihn eine Schlange.
20 Ist nicht Finsternis der Tag JHWHs und nicht
     Licht?
Dunkel und kein Glanz kommt ihm zu.

21 Ich hasse, ich verwerfe eure Feste,
ich kann eure Festversammlungen nicht riechen,
22 außer wenn ihr mir Brandopfer darbringt.
An euren Speiseopfern habe ich kein Gefallen,
und das Mahlopfer eures Mastviehs kann ich
     nicht ansehen.
23 Entferne von mir das Getöse deiner Lieder,
und den Klang deiner Leiern will ich nicht hören.
24 Vielmehr soll Recht sich ergießen wie Wasser
und Gerechtigkeit wie ein nie versiegender Bach.
25 Habt ihr mir Schlachtopfer und Speiseopfer
     vierzig Jahre lang
in der Wüste dargebracht, Haus Israel?
26 Und habt ihr den Sikkut, euren König, getragen
und den Kewan, eure Bilder,
den Stern eurer Götter,
die ihr euch gemacht habt?
27 Ich werde euch in die Verbannung führen jenseits
     von Damaskus,
hat JHWH gesprochen,
Gott der Heerscharen ist sein Name.

Amos 6

1 Weh den Sorglosen auf dem Zion
und den Selbstsicheren auf dem Berge Samarias,
den Vornehmen des Ersten der Völker,
und es kommt zu ihnen das Haus Israel.

2 Zieht hinüber nach Kalne und seht
und geht von dort nach Hamat-Rabba
und steigt hinab nach Gat der Philister.
Seid ihr besser als diese Königreiche,
oder ist ihr Gebiet größer als euer Gebiet?

3 Die den Tag des Unheils fernhalten,
führen die Herrschaft der Gewalt herbei.

4 Die auf Ruhebetten aus Elfenbein liegen
und sich auf ihren Ruhelagern fläzen
und Lämmer aus der Herde essen
und Kälber mitten aus der Mast heraus,

5 die sie grölen zum Klang der Leier,
erfinden sich Musikinstrumente wie David.

6 Die aus Schalen Wein trinken,
salben sich mit bestem Öl.
Aber sie kümmern sich nicht um den Zusammen-
bruch Josefs.

7 Deshalb ziehen sie jetzt an der Spitze der
Gefangenen in die Verbannung,
und gewichen ist das Gelage der Fläzenden.

8 Geschworen hat der Herr JHWH bei seinem
Leben
– Spruch JHWHs, des Gottes der Heerscharen:
Ich verabscheue den Stolz Jakobs,

und seine Paläste hasse ich,
und ich liefere aus die Stadt und was in ihr ist.

9 Wenn zehn Männer in einem Haus übrig bleiben,
werden sie doch sterben.

10 Man nimmt seinen Onkel oder Verwandten und
zwingt ihn, die Gebeine aus dem Haus zu
bringen, und er sagt zu dem, der in der hinters-
ten Ecke des Hauses ist: „Ist noch jemand bei
dir?" Und er sagt: „Niemand!"
Und er sagt: „Still!
Denn man darf JHWH nicht mit Namen
nennen!"

11 Denn seht, JHWH gebietet:
Er wird das große Haus in Trümmer schlagen
und das kleine Haus in Stücke.

12 Laufen Pferde über Felsen,
oder pflügt man mit Rindern das Meer?
Doch ihr habt das Recht in Gift verwandelt
und die Frucht der Gerechtigkeit in Wermut.

13 Die sich freuen über Lo-Dabar,
die sagen: Haben wir nicht mit unserer Stärke
Karnajim uns genommen?

14 Fürwahr, seht: Ich werde gegen euch, Haus Israel,
Spruch JHWHs, des Gottes der Heerscharen,
ein Volk erstehen lassen,
das euch bedrängen wird von Lebo-Hamat bis
zum Bach der Araba.

Visionszyklus (Am 7–9)

Amos 7

1 Solches hat der Herr JHWH mich sehen lassen:
Siehe, da war einer, der einen Heuschrecken-
schwarm formte,
als die Spätsaat zu wachsen begann.
Und siehe: Die Spätsaat ist nach dem Schnitt des
Königs.

2 Und als er die Pflanzen des Landes vollständig
auffressen wollte,
da sprach ich: Mein Herr JHWH, verzeih doch!
Wie soll Jakob bestehen?
Er ist doch so klein!

3 Daraufhin reute es JHWH:
„Es soll nicht geschehen",
sprach JHWH.

4 Solches hat der Herr JHWH mich sehen lassen:
Siehe, da rief jemand einen Angriff mit Feuer
herbei, mein Herr JHWH,
und es fraß die große Urflut.
Und als es das Ackerland fressen wollte,

5 da sprach ich: Mein Herr JHWH, hör doch auf!
Wie soll Jakob bestehen?
Er ist doch so klein!

6   Daraufhin reute es JHWH:
    „Auch das soll nicht geschehen",
    sprach der Herr JHWH.

7   Solches hat er mich sehen lassen:
    Siehe, der Herr stand auf einer Mauer aus Zinn,
    und in seiner Hand war Zinn.

8   Da sprach JHWH zu mir: Was siehst du, Amos?
    Ich antwortete: Zinn.
    Da sprach der Herr: Siehe, Zinn bringe ich mitten
       in mein Volk Israel,
    ich werde nicht länger an ihm vorübergehen.

9   Und veröden werden die Kulthöhen Isaaks,
    und die Heiligtümer Israels werden zertrümmert,
    und gegen das Haus Jerobeam werde ich auf-
       treten mit dem Schwert.

10 Da sandte Amazja, der Priester von Bet-El,
    zu Jerobeam, dem König von Israel, folgende
       Nachricht:
    Verschworen hat sich gegen dich Amos mitten im
       Hause Israel.
    Nicht mehr kann das Land
    all seine Worte ertragen.

11 Denn so hat Amos gesprochen:
    „Durch das Schwert stirbt Jerobeam,
    und Israel wird verschleppt, verschleppt von
       seinem Erdboden weg."

12 Und Amazja sprach zu Amos:
    „Seher, geh, flüchte dich in das Land Juda
    und iss dort Brot

und tritt dort als Prophet auf!

13 In Bet-El aber tritt nicht noch einmal als
    Prophet auf,
    denn ein Heiligtum des Königs ist dies,
    und ein Haus (Tempel) des Königtums ist dies!"

14 Da antwortete Amos und sprach zu Amazja:
    „Ich bin kein Prophet,
    und ich bin kein Prophetenschüler,
    sondern ein Viehzüchter bin ich und ein Maul-
    beerfeigenritzer.

15 Und JHWH hat mich geholt
    hinter der Herde weg,
    und JHWH hat zu mir gesprochen:
    ‚Geh, tritt als Prophet hin vor mein Volk Israel!'

16 Und jetzt: Höre das Wort JHWHs:
    Du hast gesagt: ‚Tritt nicht als Prophet auf gegen
    Israel
    und weissage nicht gegen das Haus Isaak.'

17 Deshalb: So hat JHWH gesprochen:
    Deine Frau wird in der Stadt zur Hure,
    und deine Söhne und deine Töchter werden
    durchs Schwert fallen,
    und dein Erdboden wird mit der Messschnur
    verteilt,
    und du selbst wirst auf unreinem Erdboden
    sterben,
    und Israel wird verschleppt, verschleppt von
    seinem Erdboden weg."

Amos 8

1 Solches hat der Herr JHWH mich sehen lassen:
   Siehe, ein Korb mit reifem Obst.

2 Und er sprach: Was siehst du, Amos?
   Ich antwortete: Einen Korb mit reifem Obst.
   Und JHWH sprach zu mir:
   Gekommen ist das Ende zu meinem Volk Israel.
   Ich werde nicht noch einmal an ihm
      vorübergehen.

3 Dann heulen die Sängerinnen des Palastes.
   An jenem Tag
   – Spruch des Herrn JHWH –
   gibt es viele Leichen,
   überall wirft man sie hin. Still!

4 Hört dieses,
   die ihr zertretet den Armen
   und beseitigt die Gebeugten des Landes,

5 sprechend: „Wann ist der Neumond vorüber, dass
      wir Getreide verkaufen,
   und der Sabbat, dass wir den Kornspeicher
      öffnen können,
   um das Efa (Hohlmaß) zu verkleinern
   und den Schekel (Gewicht) zu vergrößern
   und betrügerische Waage zu krümmen,

6 um den Geringen für Geld zu kaufen
   und den Armen wegen eines Paars Sandalen.
   Und den Abfall des Getreides wollen wir verkaufen."

7 Geschworen hat JHWH beim Stolz Jakobs:
   Niemals werde ich vergessen all ihre Werke.

8 Sollte darüber nicht die Erde erzittern
und nicht alles trauern, was auf ihr wohnt,
sich heben wie der Nil insgesamt
und aufgewühlt sein und sich senken wie der
Strom Ägyptens?

9 Und es wird geschehen an jenem Tag
– Spruch des Herrn JHWH –,
da werde ich die Sonne untergehen lassen am
Mittag
und das Land verdunkeln am helllichten Tag
10 und eure Feste in Trauer verwandeln
und all eure Lieder in Totenklage.
Da lege ich um jede Hüfte ein Sacktuch
und auf jedes Haupt eine Glatze.
Ich richte es her wie Trauer um den Einzigen,
und ihr Ende wird sein wie ein bitterer Tag.

11 Seht, Tage werden kommen
– Spruch des Herrn JHWH –,
da schicke ich eine Hungersnot ins Land,
nicht Hunger nach Brot
und nicht Durst nach Wasser,
sondern zu hören die Worte JHWHs.
12 Sie wanken von Meer zu Meer,
und vom Norden zum Osten streifen sie umher,
um zu suchen das Wort JHWHs,
aber sie finden es nicht.
13 An jenem Tag werden ohnmächtig
die schönen jungen Frauen und die jungen
Männer vor Durst.

14 Die da schwören bei der Schuld Samarias
und sprechen: „So wahr dein Gott lebt, Dan!"
und „So wahr der Weg nach Beerscheba lebt!",
werden fallen und nicht mehr aufstehen.

Amos 9

1 Ich sah den Herrn auf dem Altar stehen, und er
sprach:
Zerschlag den Knauf der Säule, sodass die
Schwellen erbeben,
und zerschmettere allen den Kopf.
Ihren Rest werde ich mit dem Schwert töten.
Nicht flüchtet von ihnen ein Flüchtling,
und nicht rettet sich von ihnen ein Entronnener.

2 Wenn sie in die Unterwelt einbrechen,
holt meine Hand sie von dort weg.
Und wenn sie hinaufsteigen zum Himmel,
hole ich sie von dort herunter.

3 Und wenn sie sich auf dem Gipfel des Karmel
verstecken,
spüre ich (sie dort) auf und hole sie von dort weg.
Und wenn sie sich vor meinen Augen auf dem
Grund des Meeres verbergen,
befehle ich dort der Schlange, sie zu beißen.

4 Und wenn sie vor ihren Feinden her in die
Gefangenschaft ziehen,
befehle ich dort dem Schwert, sie zu töten.
Ich will mein Auge auf sie richten,
zum Bösen und nicht zum Guten.

5 Der Herr JHWH der Heerscharen ist es,
   der die Erde anrührt, sodass sie wankt
   und alle Bewohner auf ihr trauern,
   sich hebt wie der Nil insgesamt
   und sich senkt wie der Strom Ägyptens.
6 Der im Himmel seine Gemächer baut
   und sein Gewölbe auf der Erde gründet,
   der die Wasser des Meeres ruft
   und sie ausgießt auf das Antlitz der Erde,
   JHWH ist sein Name.

7 Seid ihr nicht wie die Kuschiten für mich, Söhne
      Israels?
   – Spruch JHWHs.
   Habe ich Israel nicht aus dem Lande Ägypten
      heraufgeführt
   und die Philister aus Kaftor und Aram aus Kir?
8 Seht, die Augen des Herrn JHWH sind gerichtet
      auf das sündige Königtum.
   Ich werde es vernichten
   vom Angesicht des Erdbodens weg.
   Jedoch will ich das Haus Jakob nicht unbedingt
      vernichten
   – Spruch JHWHs.
9 Denn seht, ich befehle
   und lasse schütteln unter alle Völker das Haus
      Israel,
   wie man schüttelt mit einem Sieb,
   und kein Steinchen fällt zur Erde.
10 Durch das Schwert werden sterben
   alle Sünder meines Volkes,

die da sagen: „Nicht führst du herbei
und bringst an uns heran das Unglück."

11 An jenem Tag richte ich auf
die zerfallene Hütte Davids,
und ich vermauere ihre Risse,
und ihre Trümmer richte ich auf,
und ich erbaue sie wie in vergangenen Tagen,
12 damit sie den Rest Edoms und aller Völker in
Besitz nehmen,
über denen mein Name ausgerufen ist
– Spruch JHWHs, der dies macht.

13 Siehe, Tage werden kommen
– Spruch JHWHs –,
da folgt der Pflüger dem Schnitter auf dem Fuße
und der Kelterer dem Sämann,
da triefen die Berge von Traubensaft,
und alle Hügel geraten in Bewegung.
14 Da wende ich das Geschick meines Volkes Israel:
Sie werden verödete Städte wieder aufbauen und
sie bewohnen,
Weingärten pflanzen und ihren Wein trinken,
Gärten anlegen und ihre Früchte essen.
15 Ich pflanze sie ein auf ihrem Erdboden,
und sie werden nicht mehr herausgerissen von
ihrem Erdboden weg,
den ich ihnen gegeben habe,
spricht JHWH, dein Gott.

II. KOMMENTAR

Die Bedeutung der Propheten

Im Leben und in der Verkündigung des Jesus von Nazaret spielt die Heilige Schrift Israels eine bedeutende Rolle. Sein Wirken und seine Verkündigung wären ohne diese Wurzel nicht verstehbar. Jesus selbst lebt ganz und gar aus dem Glauben des Volkes Israel. Zusammen mit seinen Freunden und Begleitern führt er wie die meisten Angehörigen seines Volkes das Leben eines gläubigen Juden und tritt damit in eine viele Jahrhunderte dauernde Glaubensgeschichte ein.

Nach dem Zeugnis des Lukasevangeliums beginnt er in Galiläa öffentlich zu wirken und zu lehren. Und doch ist er nicht einfach nur einer der Frommen Israels – in seiner Ankunft sieht er selbst ein Wort des Propheten Jesaja erfüllt.

Das Lukasevangelium berichtet, wie Jesus zu Beginn seines öffentlichen Wirkens an einem Sabbat in Begleitung einiger Jünger in die Synagoge von Nazaret kommt und dort aufgefordert wird, die Lesung vorzutragen. Wie jeder erwachsene Mann, dem die Ehre des Vortrags angeboten wird, nimmt er die Einladung vorzulesen an. Doch dann ereignet sich das Unerwartete, als er nach der Lesung aus dem Buch Jesaja den Anspruch erhebt, dass in seiner Person die Verheißungen Jesajas Wirklichkeit werden.

So kam er auch nach Nazaret, wo er aufgewachsen war, und ging, wie gewohnt, am Sabbat in die Synagoge. Als er aufstand, um aus der Schrift vorzulesen, reichte man ihm das Buch des Propheten Jesaja. Er schlug das Buch auf und fand die Stelle, wo es heißt: Der Geist des Herrn ruht auf mir; denn der Herr hat mich gesalbt. Er hat mich gesandt, damit ich den Armen eine gute Nachricht bringe; damit ich den Gefangenen die Entlassung verkünde und den Blinden das Augenlicht; damit ich die Zerschlagenen in Freiheit setze und ein Gnadenjahr des Herrn ausrufe. Dann schloss er das Buch, gab es dem Synagogendiener und setzte sich. Die Augen aller in der Synagoge waren auf ihn gerichtet. Da begann er, ihnen darzulegen: Heute hat sich das Schriftwort, das ihr eben gehört habt, erfüllt. (Lk 4,16-21)

Mit dem markanten „Heute" reißt Jesus den Vorhang der Zeit entzwei. Nicht mehr auf eine – vielleicht ferne – Zukunft muss man die Hoffnung setzen, sondern darf glauben, dass jetzt Wirklichkeit ist, was Generationen ersehnt haben. Jesus stellt sich in die Glaubensgeschichte hinein, beginnt also nicht an einem Nullpunkt. Was durch die Geschichte hindurch an Gotteswort ergangen ist, das bleibt wahr und gültig, wird jetzt vielleicht überhaupt erst voll verständlich. Mit der Botschaft, den Taten und Worten Jesu setzt er sich nicht von der Glaubensgeschichte seit Abraham ab, sondern stellt sich ganz bewusst in sie hinein. Mit seinem Wirken beginnt nicht etwas, wofür es keine

Worte und keine Anknüpfungspunkte gäbe, vielmehr genau das, was „von alters her durch den Mund seiner heiligen Propheten" verheißen wurde (vgl. den Lobgesang des Zacharias, der im Benedictus Eingang ins Stundengebet gefunden hat aus Lk 1,70). Jesus wirklich verstehen kann also nur, wer die Botschaft der Propheten vernommen hat – zuallererst und an vornehmster Stelle das Haus Israel.

Auf diesem Hintergrund leuchtet unmittelbar ein, dass sich die ersten Christen, die über die Ereignisse von Leben, Tod und Auferstehung Jesu von Nazaret sprachen, ganz selbstverständlich dieser Deutungsmuster bedienten. Wenn Jesus selbst den Propheten eine solche Bedeutung beigemessen hatte und sich ihrer Botschaft verpflichtet wusste, dann erlosch deren Funktion und Bedeutung sicherlich nicht einfach mit der Erfüllung der Verheißung, also dem Kommen des Messias. In manchem Ringen um das rechte Wort wurde so die Botschaft ausbuchstabiert.

Nach den Pfingstereignissen beginnt für die junge Kirche die Zeit, in der sie aus dem Glauben lebt und die Wiederkunft des auferstandenen Herrn erwartet. Es beginnt – im guten Sinne – der Alltag des Glaubens.

Viele Jahrhunderte später gilt dies noch immer. Was heutige Gläubige dabei von den Christen der ersten Generationen unterscheidet, ist die Dringlichkeit, mit der sie den auferstandenen Herrn erwarten.

War die junge Gemeinde noch ganz und gar durchdrungen von der Erwartung, den Herrn bald kommen zu sehen, so ist diese Hoffnung heute einerseits noch wach, andererseits aber zu einem langen Zustand des Wartens geworden. Kaum ein heutiger Mensch erwartet die Wiederkunft des Herrn zu seinen eigenen Lebzeiten. Das Wort von der Endzeit spielt in Glaube und Verkündigung eine untergeordnete Rolle.

Liturgisch unbedeutsam ist das Thema allerdings nicht. Am Pfingsttag verkündete Petrus seinen damaligen Hörern mit Worten aus dem Buch des Propheten Joël, dass die Endzeit begonnen hat.

Als der Tag des Pfingstfestes gekommen war, befanden sich alle am gleichen Ort. Da kam plötzlich vom Himmel her ein Brausen, wie wenn ein heftiger Sturm daherfährt, und erfüllte das ganze Haus, in dem sie saßen. Und es erschienen ihnen Zungen wie von Feuer, die sich verteilten; auf jeden von ihnen ließ sich eine nieder. Alle wurden mit dem Heiligen Geist erfüllt und begannen, in fremden Sprachen zu reden, wie es der Geist ihnen eingab. In Jerusalem aber wohnten Juden, fromme Männer aus allen Völkern unter dem Himmel. Als sich das Getöse erhob, strömte die Menge zusammen und war ganz bestürzt; denn jeder hörte sie in seiner Sprache reden. Sie gerieten außer sich vor Staunen und sagten: Sind das nicht alles Galiläer, die hier reden? Wieso kann sie jeder von uns in seiner Muttersprache hören: Parther, Meder und Elamiter, Bewohner von Mesopotamien, Judäa und Kappadozien, von Pontus und der Provinz Asien, von Phrygien und

Pamphylien, von Ägypten und dem Gebiet Liby-
ens nach Zyrene hin, auch die Römer, die sich hier
aufhalten, Juden und Proselyten, Kreter und Ara-
ber, wir hören sie in unseren Sprachen Gottes gro-
ße Taten verkünden. Alle gerieten außer sich und
waren ratlos. Die einen sagten zueinander: Was
hat das zu bedeuten? Andere aber spotteten: Sie
sind vom süßen Wein betrunken. Da trat Petrus
auf, zusammen mit den Elf; er erhob seine Stim-
me und begann zu reden: Ihr Juden und alle Be-
wohner von Jerusalem! Dies sollt ihr wissen, ach-
tet auf meine Worte! Diese Männer sind nicht
betrunken, wie ihr meint; es ist ja erst die dritte
Stunde am Morgen; sondern jetzt geschieht, was
durch den Propheten Joël gesagt worden ist: In
den letzten Tagen wird es geschehen, so spricht
Gott: Ich werde von meinem Geist ausgießen über
alles Fleisch. Eure Söhne und eure Töchter wer-
den prophetisch reden, eure jungen Männer wer-
den Visionen haben, und eure Alten werden Träu-
me haben. Über meine Knechte und Mägde werde
ich von meinem Geist ausgießen in jenen Tagen,
und sie werden prophetisch reden. Ich werde
Wunder erscheinen lassen droben am Himmel
und Zeichen unten auf der Erde: Blut und Feuer
und qualmenden Rauch. Die Sonne wird sich in
Finsternis verwandeln und der Mond in Blut, ehe
der Tag des Herrn kommt, der große und herrli-
che Tag. Und es wird geschehen: Jeder, der den
Namen des Herrn anruft, wird gerettet.

(Apg 2,1-21)

Jahr um Jahr spricht die Lesung des Pfingstfestes den Gläubigen zu, in den letzten Tagen zu leben. Der Sprengstoff dieser Aussage geht in der Gewohnheit meist unter, doch müsste sie immer neu aufrütteln: Die Endzeit ist bereits Gegenwart, prophetisches Wort ist erfüllt, denn der Geist ist wirklich und wahrhaftig herabgekommen. Doch ist die Welt noch nicht vollendet. Alles lebt im „Schon" und „Noch nicht" des erfahrenen Heils. Alles erwartet noch immer die glorreiche Ankunft des Herrn, was für das Neue Testament den Tag der Wiederkunft Jesu bedeutet.

Exkurs: Der Tag des Herrn

Das Bild vom „Tag des Herrn" stammt aus den prophetischen Schriften des Alten Testaments, es spielt in mehreren Prophetenbüchern eine Rolle. Die genaue Herkunft der Vorstellung eines solchen „Tags JHWHs" ist nicht ganz sicher, da sich wenigstens zwei Möglichkeiten nahelegen. Manche der älteren Erzählungen lassen durchscheinen, dass Kriegspropheten – wie Debora oder Elischa – die Kämpfer mit dem Zuspruch gestärkt haben, der JHWH-Tag sei nahe. Gott selbst werde machtvoll in das Kampfgeschehen eingreifen und seinem Volk den Sieg bringen. Mutig und zuversichtlich dürften die Krieger daher in den Kampf eintreten, des Sieges gewiss, unabhängig von der militärischen Macht der Feinde. So wäre die ursprüngliche Verwurzelung der Vorstellung in der Begriffswelt des Jahwekriegs zu suchen. Auch andere Völker der altorientalischen Umwelt kennen die Vorstellung, dass eine

Gottheit zugunsten ihrer Verehrer kriegerisch eingreift, sie ist nicht auf das Alte Israel beschränkt. Die Weiterentwicklung der Vorstellung hin zu einem endzeitlichen Tag allerdings ist in Israel einzigartig.

Eine zweite Auslegungslinie sieht die Vorstellung des JHWH-Tags im Kult beheimatet, da sich im direkten Umfeld des geprägten Worts „Tag JHWHs" häufig kultische Bestimmungen oder aber gerade – wie bei Amos – Kultkritik findet.

Inwieweit beide Felder – ursprünglich kultische oder ursprünglich militärische Beheimatung – voneinander abzugrenzen sind, ist nach wie vor nicht geklärt.

Der Tag JHWHs kann durch einen Völkerkampf gekennzeichnet sein, der Abschnitt Am 5,18-20 erwartet an diesem Tag eine kriegerische Katastrophe, die über Juda hereinbricht. So kehrt dieses Wehe-Wort des Amos die konventionell mit dem Tag JHWHs verbundene Heilserwartung um. Gott führt nicht mehr rettend Israels Heer an, sondern führt fremde Völker gegen Israel. Im Buch Amos bezeichnet der Tag des Herrn denjenigen Tag, an dem die Königsherrschaft Gottes offenbar wird – durch das Gericht. Schließlich mündet die Vorstellung vom Tag JHWHs in eine allgemeine eschatologische Erwartung, die dem treu gebliebenen Teil Israels Heil verheißt, indem alle Völker unterliegen (Mal 3,13-21).

Die Schriften Israels sind offen auf Zukunft hin, sie sind von Erwartung getränkt. Dabei spielt das prophetische Element von Anfang an eine bedeutende Rolle. Am Tag, an dem Mose stirbt, der große Führer

und „Mann Gottes", der das Volk aus der Knecht-
schaft Ägyptens geführt hatte, da gibt er, der „Erzpro-
phet", dem Volk Israel folgende Zusage:

Einen Propheten wie mich wird dir der Herr, dein
Gott, aus deiner Mitte, unter deinen Brüdern, er-
stehen lassen ... (Dtn 18,15)

Nach langen Jahrhunderten und immer neuen An-
läufen, eine Heilsgestalt zu erkennen, sehen die
Evangelisten diese Verheißung in der Ankunft Jesu
endlich erfüllt. Das Zögern, Bangen und Hoffen ver-
dichtet sich in der Frage Johannes des Täufers, den
einige seiner Zeitgenossen ja selbst schon als den er-
hofften Retter angesehen hatten („Das Volk war voll
Erwartung, und alle überlegten im Stillen, ob Johannes nicht vielleicht selbst der Messias sei"; Lk 3,15).
Als Johannes nach seiner Umkehrpredigt und aufgrund seiner Kritik am Tetrarchen Herodes schließlich im Gefängnis sitzt, schickt er zwei seiner Jünger
und lässt sie an Jesus die Frage stellen: „Bist du der,
der kommen soll, oder müssen wir auf einen anderen
warten?" (Mt 11,2-6; Lk 7,18-23).

Der jüdisch-christliche Glaube speist sich aus einem Schatz von prophetischen Schriften und prophetisch begabten Menschen, die ihre Erfahrungen mitgeteilt haben. Propheten spielen in der Zeit von der
Landnahme des Volkes Israel, wie sie das Buch Josua
erzählt, bis zum Landverlust am Ende der Königszeit
in Israel (im 8. Jahrhundert v. Chr.) und Juda (im
6. Jahrhundert v. Chr.) eine große Rolle.

Die hebräische Tradition benennt diejenigen biblischen Schriften, die in der durch die griechische Übersetzung der Schriften auch für das Christentum maßgeblich gewordenen Tradition als „Geschichtsbücher" zusammengefasst werden, als *Vordere Propheten*", konkret also die Bücher von Josua bis zu den beiden Königebüchern. Diejenigen Schriften, die in der durch die Septuaginta begründeten Tradition „Prophetenbücher" genannt werden, gelten als *„Hintere Propheten"*. Weit mehr Schriften werden also im hebräischen Kanon ihrem Inhalt nach als prophetisch klassifiziert. Dadurch findet die Verengung des Blicks auf die wenigen Männer wie Jesaja, Jeremia und Ezechiel oder die Zwölf Propheten gar nicht erst statt, wie sie später auch für das Christentum bestimmend geworden ist. Zugleich entfällt in dieser Sicht der Hebräischen Bibel, wenn sie von Propheten handelt, die starke Konzentration auf die Fähigkeit, Zukünftiges vorhersagen und zuverlässig deuten zu können. Das heutige umgangssprachliche Vorverständnis für Prophet – „ein Mensch, der die Zukunft voraussagen kann" – engt das Wort ja fast immer auf diesen Aspekt der Zukunftsschau ein. Wenn in der jüdischen Überlieferung weit mehr Schriften als „prophetisch" bezeichnet werden als im christlichen Alten Testament, dann kann das auch für Christen nicht unerheblich sein, denn es handelt sich ja um ein und dieselben Schriften – in anderer Leseauffassung.

Unter den herausragenden Gestalten der Frühzeit Israels, die den Ehrentitel „Prophet" tragen, finden sich Männer wie Frauen: Mose, Mirjam, Debora, Samuel und Elija. Ihr jeweiliges Charisma lässt sich nicht einlinig und eindeutig umreißen.

Der Prophet Amos markiert in gewisser Weise einen Einschnitt innerhalb der prophetischen Literatur der Heiligen Schrift. Seine Wirksamkeit kann etwa um das Jahr 760 vor Christus angesetzt werden. Amos ist somit der älteste derjenigen Propheten, unter deren Namen eine eigene Schrift überliefert ist. Er steht damit am Anfang der Reihe der sogenannten großen und kleinen Propheten, deren Erbe jeweils in den nach ihnen benannten Büchern bewahrt ist.

Die kleine biblische Schrift, die unter dem Namen des Amos überliefert ist, findet sich innerhalb des Zwölfprophetenbuchs, das auf Griechisch *Dodekapropheton* (von griech. dodeka = zwölf) genannt wird. Es enthält zwölf kleine Schriften prophetischen Inhalts und wird in der Auslegungstradition als Einheit, als ein einziges Buch betrachtet. Die Zwölf Propheten des Alten Testaments, die traditionell auch als „Kleine Propheten" bezeichnet werden, wurden wohl immer auf einer gemeinsamen Pergamentrolle überliefert, was unterstreicht, dass sie als Einheit gesehen wurden. Das bestätigt innerbiblisch der Weisheitslehrer Jesus Sirach, der einzelne große Gestalten der Geschichte Israels nennt, dann aber zusammenfassend aufzählt:

Ferner die Zwölf Propheten: Ihre Gebeine mögen von ihrer Stätte emporsprossen. Sie brachten Heilung für Jakobs Volk und halfen ihm durch zuverlässige Hoffnung. (Sir 49,10)

Wer ist ein Prophet?

Was aber macht einen Propheten aus? Im Buch Jeremia werden drei wichtige Berufungen im Gottesvolk mit ihren verschiedenen Aufgaben unterschieden:

> *Denn nie wird dem Priester die Weisung ausgehen, dem Weisen der Rat und dem Propheten das Wort. (Jer 18,18)*

Der Priester lehrt den Inhalt der Schriften, insbesondere der Tora, er ist zuständig für die Unterscheidung von rein und unrein sowie für alles, was den kultischen Bereich betrifft. Der Weisheitslehrer ist Berater im weitesten Sinne: Seine Aufgaben umfassen die politische Beratung des Königs und seiner Beamten, den diplomatischen Verkehr, die Führung der Annalen (Jahrbücher), auch die Erziehung der Jugend kann ihm anvertraut sein. Die Quelle seiner Weisheit sind – im Gegensatz zum Propheten – seine Erfahrung und Vernunft. Der Prophet vermittelt das Gotteswort, vermittelt zwischen Diesseits und Jenseits; er ist Gottes Bote. Weil Gottes Wort nicht eindeutig zu vernehmen ist, gehört der prophetische Konflikt von Anfang an dazu – wer ist ein wahrer Künder des Gottesworts, wer spricht nur aus eigener Vollmacht? Der Kampf um die Unterscheidung von wahrer und falscher

Prophetie kennzeichnet weite Teile des Alten Testaments.

Damals wie heute ist es nicht leicht, aus dem, was ein Mensch sagt, den Willen Gottes herauszuhören. Zu jeder Zeit treten selbst ernannte Propheten auf, die um Gehör bitten. Immer von Neuem stellen sich die Fragen: Wer führt wirklich tiefer ins Geheimnis Gottes hinein, wer bietet vielleicht falsche Wahrheiten oder solche, die zu kurz greifen? Alles muss unter dem Vorbehalt stehen, dass der Mensch das Geheimnis Gottes letztlich nie ganz begreifen und ausloten kann. „Wenn du es begriffen hast, ist es nicht Gott" („Si enim comprehendisti, non est Deus"; Augustinus, Conf, Sermo 117, 5), warnte der heilige Augustinus.

Gottes Botschaft kann ein Mensch nur dann verkünden, wenn sie ihm zuvor auf irgendeine Weise zuteilgeworden ist. Wie gelangt der Prophet also zu seinem Auftrag?

Gottesbegegnungen widerfahren nach keinem festgelegten Schema, das zudem vorhersagbar wäre. Vielmehr bricht die Wirklichkeit in eine Ereignisfolge ein, die auch ohne die Unterbrechung eine Fortsetzung hätte finden können. Manchmal wird regelrecht lapidar mitgeteilt, dass Gott zu einem bestimmten Menschen gesprochen hätte. So kommt etwa die ganze Noach-Erzählung nirgends in die Verlegenheit, das problematisieren zu müssen: Gott spricht und Noach handelt seinem Wort gemäß. Genau das ist seine Antwort (Gen 6–9). Davon unterscheiden sich die Begebenheiten, die Abraham erlebt. Gott spricht auch ihn an, im Unterschied zu Noach antwortet Abraham aber zugleich mit vernehmbaren Worten, nicht nur durch die Tat (Gen 22,1).

Der Ahnherr Jakob erfährt Gottes Wort und Weisung höchst unterschiedlich. Auch an ihn richtet Gott sein Wort und fordert ihn auf, das Haus seines Schwiegervaters Laban zu verlassen (Gen 31,3). Er selbst ruft den Herrn um Beistand an, um die Begegnung mit seinem Bruder Esau unbeschadet zu überstehen (Gen 32,10-14). Im rätselhaften nächtlichen Kampf ringt Jakob schließlich mit einem, den er nicht überwältigen kann, und geht ab diesem Zeitpunkt gezeichnet durchs Leben. Sein Gegner verleiht ihm einen neuen Namen und gibt sich damit zugleich selbst zu erkennen: Jakob hat mit Gott gerungen, weshalb er fortan „Gottesstreiter" – Israel heißen soll. Im Wort, im rätselhaften Kampf und schließlich im Traum offenbart Gott sich ihm (Gen 28,10-22). Mit der Gründungslegende des Heiligtums Bet-El, die sich auf Jakobs Traum an eben diesem Ort beruft, spannt sich der Bogen zum späteren Reichsheiligtum, aus dem Amos vom dann dort amtierenden Priester Amazja verwiesen werden soll (Am 7,10-17).

Visionen, Auditionen und Träume haben ihren zunächst unhinterfragten Platz in der Wirklichkeitswahrnehmung der alttestamentlichen Schriften – wenigstens das wird als vorsichtiges Fazit der unterschiedlichen Berichte, Erzählungen und Begebenheiten vom erfahrenen Gotteswort festgehalten werden können.

Dennoch scheint das Problem, das darin besteht, sich auf Träume zu berufen, auch den Zeitgenossen bewusst gewesen zu sein. Ein solches im Traum empfangenes Wort entzieht sich notwendigerweise jeder Nachprüfbarkeit. So kommt es zu Passagen, die eine Berufung auf Träume kritisch hinterfragen:

Ich habe gehört, was die Propheten reden, die in meinem Namen Lügen weissagen und sprechen: Einen Traum habe ich gehabt, einen Traum. Wie lange noch? Haben sie denn wirklich etwas in sich, die Propheten, die Lügen weissagen und selbst erdachten Betrug? Durch ihre Träume, die sie einander erzählen, möchten sie meinen Namen in Vergessenheit bringen bei meinem Volk, wie ihre Väter meinen Namen wegen des Baal vergessen haben. Der Prophet, der einen Traum hat, erzählt nur einen Traum; wer aber mein Wort hat, der verkündet wahrhaftig mein Wort. Was hat das Stroh mit dem Korn zu tun? – Spruch des Herrn. (Jer 23,25-28)

Die hier sicherlich besonders pointierte und damit überspitzte Warnrede des Propheten Jeremia ließe sich folgendermaßen zusammenfassen: „Wahre Propheten bekommen das Wort, falsche Propheten bekommen Träume." Mit dieser Abgrenzung bleibt aber immer noch offen, wie sich denn entscheiden lassen könnte, ob wirklich eine göttliche Beauftragung ergangen ist und wie denn das Wort Gottes dann vernommen wurde.

Alle, die verkündigen, müssen sich fragen lassen, ob sie die Menschen mehr zu Gott führen – oder geht es ihnen am Ende nur darum, selbst Beachtung zu finden?

Ein weiteres entscheidendes Kriterium dafür, ob es sich um wahre Prophetie handelt, wird darin zu sehen sein, ob vorausgesagte Ereignisse oder Folgen für eine Handlung eintreffen. Wenn das Wort eines Menschen durch die Ereignisse bestätigt wird, so legitimiert das sein Auftreten. Doch selbst hier gebietet die Schrift Einhalt und warnt, es sich nicht zu leicht zu machen. Es gibt auch Prophetie, die von vornherein falsch ist, wenn sie nämlich zum Abfall von JHWH führt, ganz gleich, ob das Angekündigte eintrifft oder nicht.

Wenn in deiner Mitte ein Prophet oder ein Traumseher auftritt und dir ein Zeichen oder Wunder ankündigt, wobei er sagt: Folgen wir anderen Göttern nach, die du bisher nicht kanntest, und verpflichten wir uns, ihnen zu dienen!, und wenn das Zeichen und Wunder, das er dir angekündigt hatte, eintrifft, dann sollst du nicht auf die Worte dieses Propheten oder Traumsehers hören; denn der Herr, euer Gott, prüft euch, um zu erkennen, ob ihr das Volk seid, das den Herrn, seinen Gott, mit ganzem Herzen und mit ganzer Seele liebt. Ihr sollt dem Herrn, eurem Gott, nachfolgen, ihn sollt ihr fürchten, auf seine Gebote sollt ihr achten, auf seine Stimme sollt ihr hören, ihm sollt ihr dienen, an ihm sollt ihr euch festhalten. Der

Prophet oder Traumseher aber soll mit dem Tod bestraft werden. Er hat euch aufgewiegelt gegen den Herrn, euren Gott, der euch aus Ägypten geführt und dich aus dem Sklavenhaus freigekauft hat. Denn er wollte dich davon abbringen, auf dem Weg zu gehen, den der Herr, dein Gott, dir vorgeschrieben hat. Du sollst das Böse aus deiner Mitte wegschaffen. (Dtn 13,2-6)

Alles, was vom wahren Gott wegführt, kann somit zwar eine Prüfung Gottes sein, doch niemals sein Wort, das zu befolgen wäre.

Seher, Gottesmänner und Propheten

In der Heiligen Schrift Israels finden sich verschiedene Bezeichnungen für einen Propheten. Eine davon ist „Gottesmann". Ein „Gottesmann" besitzt Wunderkraft, er ist ein Heiler – davon berichten mehrere bekannte Heilungserzählungen in den Samuel- und Königebüchern. Nach 1 Sam 9 waren Gottesmänner bekannte Persönlichkeiten, die zu Festen eingeladen und in Alltagsdingen um Rat gefragt wurden. Sie nahmen einen Ehrenplatz bei den Festmählern ein. Suchte man ihren Rat, so brachte man ihnen Geschenke als Lohn mit. Im späteren Schriftprophetentum kommt die oft als sehr alt klassifizierte Benennung „Gottesmann" nicht vor.

Teilweise stehen die beiden Bezeichnungen „Gottesmann" und „Seher" parallel und insofern ohne klaren Bedeutungsunterschied; beide, Seher und Gottesmann, empfangen das Gotteswort durch Visionen. Als Seher werden im Alten Testament die Propheten Bileam und Gad sowie Amos und Jesaja bezeichnet. Besonders die Beschreibung des Sehers Bileam ist aufschlussreich, um sich ein Bild über die Tätigkeit und das Selbstverständnis eines Sehers zu machen:

> *Da kam der Geist Gottes über ihn, er begann mit*
> *seinem Orakelspruch und sagte: Spruch Bileams,*
> *des Sohnes Beors, Spruch des Mannes mit ge-*
> *schlossenem Auge, Spruch dessen, der Gottesworte hört, der eine Vision des Allmächtigen sieht,*
> *der daliegt mit entschleierten Augen.*
> (Num 24,2–4)

In der israelitischen Prophetie lassen sich grob vereinfacht zwei Typen ausmachen: Einerseits das institutionell offenbar nicht verankerte Sehertum – beispielhaft erzählen die Geschichten über Natan und Samuel von diesem „Typ" –, andererseits das Nabitum (von nabi = Prophet), das im ganzen Alten Orient vorkam und eher für diejenigen Propheten, die einer regelrechten Gruppe oder Klasse von Propheten zuzurechnen waren, verwendet wurde. Innerbiblisch kommt es zu einer Verschmelzung der beiden Traditionsströme, die in 1 Sam 9,9 greifbar wird:

> *Früher sagte man in Israel, wenn man hinging,*
> *um Gott zu befragen: Wir wollen zum Seher*
> *gehen. Denn wer heute Prophet genannt wird,*
> *hieß früher Seher.*

Amos lehnt für sich selbst die Bezeichnungen „Prophet" *(nabi)* und „Prophetensohn" *(ben nabi)* ausdrücklich ab (vgl. 7,14):

> *Ich bin kein Prophet und kein Prophetenschüler,*
> *sondern ich bin ein Viehhirte und veredle Maul-*
> *beerfeigen.*

Die Anrede als „Seher" hingegen, mit der Amazja ihn in einer späteren Auseinandersetzung bezeichnen wird (7,12), weist er nicht zurück.

Schon diese knappe Aussage zeigt: Das Spektrum der verschiedenen prophetischen Gruppierungen ist in biblischer Zeit in Israel selbst deutlich reicher, als üblicherweise stillschweigend vorausgesetzt wird. Israel unterscheidet sich hierin kaum von den es umgebenden Nachbarkulturen des Alten Orients. Wie dort üblich, gab es auch in Israel und Juda berufsmäßig am Tempel oder am Königshof tätige Propheten. Es handelte sich dabei um einen regelrechten Beruf, den man erlernen konnte.

Das Hineinwachsen in ein solches Leben als Prophet am Tempel zeigt anschaulich die Geschichte des jungen Samuel, der schon als Kind zu dem alten Priester Eli an den Tempel von Schilo in die Obhut gegeben wird und nach und nach – durch göttliche

Berufung – seinen eigenen Stand als Prophet findet (1 Sam 3,1-21). Der betagte Priester kann ihm manches beibringen und ist letztlich derjenige, der Samuel den Kontakt zum Gotteswort erst ermöglicht. Doch ergeht das nächtliche Wort Gottes an den Schüler völlig überraschend und unverfügbar. Indem Samuel die Offenbarung empfängt und auftragsgemäß weitergibt, ist Elis Auftrag beendet.

Die heutigen Gotteshäuser, die teilweise tagsüber sogar verschlossen sind, haben mit den Tempeln der Antike und ihrem regen Betrieb wenig zu tun. In den altorientalischen Tempelanlagen lebten zahlreiche Menschen, viele davon dauerhaft, manche für die festgelegte Zeit ihres Dienstes oder Amtes. Nicht anders war es in den Heiligtümern Israels. Pilger und Ratsuchende trafen dort zu jeder Zeit jemanden an, den sie um Hilfe bitten konnten und der ihnen in liturgischen und rituellen Fragen Beistand leisten konnte. Die zusammenfassende Bezeichnung „Priester und Propheten" für diejenigen Personen, die fest am Tempel Dienst tun, konnte allerdings auch einen negativen Beiklang haben. Im Buch Micha beispielsweise heißt es: „ihre Priester lehren gegen Bezahlung. Ihre Propheten wahrsagen für Geld " (3,11).

Der Prophet Jeremia wirft ihnen gar vor:

Die Priester fragten nicht: Wo ist der Herr? ... Die Propheten traten im Dienst des Baal auf und liefen unnützen Götzen nach. (Jer 2,8, vgl. auch Jes 28,7)

Während Propheten am Tempel Fürbitte leisten und das Gotteswort übermitteln, befinden sich im Dienste des Königs und der Politik zahlreiche Hofpropheten, die vor wichtigen Ereignissen befragt werden, etwa vor Kriegszügen, der Inthronisation eines Königs oder königlichen Hochzeiten. Das erste Buch der Könige (Kap. 22) schildert eine typische Situation: Der König ist unsicher, ob er in den Krieg ziehen soll oder nicht und befragt zu diesem Zweck die Propheten in seinem Umkreis, die ihm zunächst einstimmig zureden, bis schließlich die Einzelstimme des Micha ben Jimla ihn mutig gegen die Überzahl der vierhundert Berufspropheten warnt und ihm die vernichtende Niederlage im Kampf ankündigt.

Andere Propheten leben – zumindest zeitweise – in regelrechten „Orden" beziehungsweise Gruppierungen zusammen. Dazu zählen Elija und Elischa (2 Kön 4) und vermutlich auch Samuel (1 Sam 3). Diese Seher, Propheten und Gottesmänner treten als Heiler auf, haben Kontakt mit der Gottheit durch Ekstase, Musik und Tanz, erwirken Wunder. Sie leben als Bauern und Hirten und treffen sich mit ihrem Meister, um von ihm unterrichtet zu werden.

Von der Wirkung her am bedeutendsten sind allerdings die sogenannten Einzelpropheten, obwohl sie zahlenmäßig die kleinste Gruppe prophetisch begabter Menschen darstellen. Ihnen wird auch Amos zugerechnet. Einzelpropheten traten vor allem anlässlich großer Existenzkrisen Israels und Judas auf, also insbesondere in der zweiten Hälfte des achten Jahrhunderts v. Chr. sowie im sechsten Jahrhundert v. Chr.

Amos, Viehhirte und Maulbeerfeigenritzer aus Tekoa

Das Buch Amos berichtet relativ wenig konkrete Daten oder Fakten über den Menschen Amos. Für seinen Namen gibt es zwei unterschiedliche Übersetzungen: Entweder lautet die Bedeutung „getragen hat JHWH" oder aber „JHWH hat eine Last aufgeladen". Beides würde die Gestalt des Amos charakterisieren. Er tritt während der Zeit König Jerobeams II. im Nordreich auf, etwa um 760 v. Chr. Ziemlich sicher lässt sich dieses Auftreten am Reichsheiligtum in Bet-El verorten, wahrscheinlich auch in der Hauptstadt Samaria. Amos stammt jedoch aus dem Südreich, aus Tekoa, das siebzehn Kilometer südlich von Jerusalem liegt. Das Auftreten eines Südreich-Propheten im Nordreich und damit fernab seines Herkunftsortes ist sehr ungewöhnlich.

Wenn Amos seine berufliche Tätigkeit als Viehhirte und Besitzer von Ackerland mit Maulbeerfeigenbäumen betont, so unterstreicht er damit seine wirtschaftliche Unabhängigkeit. Er kann das Gotteswort deshalb so glaubwürdig verkündigen, weil er von dieser Tätigkeit nicht lebt. In diesem Sinne ist er kein *nabi*, kein Prophet. Und da ihn niemand auf seine Aufgabe vorbereitet hat, ist er auch kein *ben nabi*, kein Prophetenschüler.

Die zunächst klar an das Nordreich Israel gerichtete Botschaft des Amos hat den Untergang des Nordreichs überdauert. Das ist Theologen des Südreichs

Juda zu verdanken, die sich offenbar von der Botschaft ebenfalls angesprochen fühlten:

So hat JHWH gesprochen: Wegen der drei Verbrechen von Juda, ja wegen der vier nehme ich es nicht zurück. (Am 2,4)

Nachdem das Nordreich Israel unter König Jerobeam II.– dem König, an den Amos unter anderem seine Worte richtet – seine letzte Blütezeit erlebt hatte, konnte es der Expansion der Assyrer letztlich nichts mehr entgegensetzen. Der Assyrerkönig Sargon II. (die Bibel nennt allerdings Salmanassar III., den Vater Sargons, der die Belagerung begonnen hatte, als den Eroberer; vgl. 2 Kön 17) eroberte schließlich als Endpunkt langjähriger Auseinandersetzungen die Hauptstadt Samaria und deportierte die Oberschicht. Deren Spur verliert sich, sie ging in den Völkern des assyrischen Reiches auf. Damit war das Nordreich Israel rund 30 Jahre nach dem Auftreten des Amos untergegangen.

Die Worte des Amos zielen nicht nur auf die persönliche Schuld eines Einzelnen, etwa des Königs, sondern auf das Sozialverhalten der ganzen Gesellschaft. Sie sind in eine konkrete Situation hineingesprochen, haben aber eine Bedeutung darüber hinaus. Deshalb haben Gruppierungen des Südreichs Juda die Worte des Amos bewahrt und überliefert.

Wenn diese Worte des Buches Amos heute noch gelesen werden, dann unterstreicht das die überzeitliche Gültigkeit des damals Gesprochenen und

Festgehaltenen. Der damalige Anlass ist vergangen, die Wahrheit des Gesagten allerdings reicht bis ins Heute hinein.

> *Ich bin kein Prophet, und ich bin kein Propheten-*
> *schüler, sondern ein Viehhirte bin ich und veredle*
> *Maulbeerfeigen. Aber JHWH hat mich hinter mei-*
> *ner Herde weggenommen, und JHWH hat zu mir*
> *gesprochen: Geh, tritt als Prophet hin vor mein*
> *Volk Israel! (Am 7,14f.)*

Fremd klingt für uns der Beruf, den Amos neben der Viehzucht ausübt. Der Prophet teilt ihn selbst mit: „Ein Viehhirte bin ich und ein Maulbeerfeigenritzer" (7,14). Diese Kulturtechnik zur Veredlung der Frucht des Maulbeerfeigenbaums (Sykomore) ging so vonstatten: Der Reifeprozess der Maulbeerfeigen wurde dadurch beschleunigt, dass sie eingeritzt wurden. Es muss sich dabei um sehr altes gemeinorientalisches Wissen handeln, denn in Ägypten ist diese Technik ebenfalls bereits aus dem Alten Reich bekannt.

In der Selbstaussage über seinen Beruf betont Amos entschieden seinen Laienstand. Er setzt sich ab von den Hof- und Kultpropheten mit ständigem Amt. Weil Amos einen Brotberuf ausübt, ist er nicht vom Tempel oder vom Hof abhängig. Ungehindert und ohne Rücksicht auf einen Brotherrn kann er das weitergeben, was der Herr ihm aufträgt. Der Verdacht „wes Brot ich ess', des Lied ich sing'" kann so gar nicht erst aufkommen. Amos ist nicht von Berufs wegen zum Prophezeien verpflichtet, sondern der

Auftrag bricht unvermutet und plötzlich in sein bis dahin ganz anders verlaufendes Leben ein. Einen Bericht über das eigentliche Widerfahrnis seiner Berufung erhalten wir jedoch nicht. Dass ein göttlicher Auftrag stattgefunden hat, davon berichten im Amosbuch insbesondere die Verse 7,15 und 3,8.

Die Formulierung „JHWH nahm mich hinter den Schafen weg" ist eine klassische Legitimationsformel in biblischen Erzählungen. Amos wird damit in eine Reihe mit so großen Gestalten wie Mose und David gestellt. Deren Berufung findet jeweils auch „hinter der Herde weg" statt. Mose weidete die Schafe und Ziegen seines Schwiegervaters Jitro, als er zum Gottesberg kam, wo sich ihm im brennenden Dornbusch der Herr mit seinem Namen offenbart (vgl. Ex 3). David wird ebenfalls vom Schafehüten weggerufen, als der Prophet Samuel bei Davids Vater Isai eintrifft mit dem Auftrag, einen der Söhne Isais, den Gott näher bezeichnen werde, zum König zu salben. David ist dann dieser Auserwählte (vgl. 1 Sam 16).

Amos ist ein von JHWHs Wort Berufener, er tritt nicht aus eigenem Interesse als Prophet auf. Gottes Wort drängt aus ihm heraus zur unausweichlichen Verkündigung: „Ein Löwe hat gebrüllt, wer fürchtet sich nicht? Der Herr JHWH hat geredet, wer prophezeit nicht?" (Am 3,8). Wie es eine unausweichliche menschliche Reaktion ist, sich bei Löwengebrüll zu fürchten, genauso unausweichlich ist es, nach ergangenem Gotteswort prophetisch aufzutreten. Ein Mensch, an den Gottes Wort ergangen ist, kann schlicht nicht anders, als das so Erfahrene auch weiterzusagen.

Als Einzelner wird Amos berufen, nicht als Teil einer Gruppe oder Richtung, die sich mit Gottes Wort befasst. Als Einzelner wird er so aus seinem gewöhnlichen Alltag herausgerissen. Dieser „Zugriff" macht ihn zum „Ergriffenen". Die Sache Gottes, die er zu sehen bekommt, ergreift ihn und drängt ihn von diesem Zeitpunkt an zum Handeln. In mehreren Schauungen, Visionen, teilt JHWH ihm Botschaften mit, die Amos weitergibt, ja weitergeben muss.

Wer Gottes Wort wirkmächtig erfahren hat, der muss sein Leben danach ausrichten und anderen die Botschaft weitersagen – diesen Auftrag gibt Amos uns durch die Zeiten hindurch.

Völkerspruchzyklus (Am 1–2)

> *Die Worte des Amos,*
> *der zu den Schafhirten gehörte aus Tekoa,*
> *die er geschaut hat über Israel*
> *in den Tagen des Usija, des Königs von Juda,*
> *und in den Tagen des Jerobeam, des Sohnes des*
> *Joasch, des Königs von Israel,*
> *zwei Jahre vor dem Erdbeben. (Am 1,1)*

Der erste Vers bildet die eigentliche Überschrift des Buches Amos. In der antiken Literatur werden Werke nach ihrem Anfangssatz („incipit") zitiert, einen davon unterschiedenen Werktitel gibt es nicht. Die biblischen Schriften unterscheiden sich darin nicht von der damaligen Gepflogenheit. Im Judentum hat sich die Benennung der biblischen Bücher nach den Anfangsworten bis heute erhalten. Das Christentum kennt diese Tradition ebenfalls noch, wenn etwa Konzilsdokumente oder päpstliche Enzykliken zitiert werden, zum Beispiel *Lumen gentium*.

Auch im Hebräischen ist der erste Satz des Amosbuchs ein regelrechtes Satzungetüm. Zahlreich sind die darin enthaltenen Informationen: Es geht erstens um die Person des Propheten, zweitens um die Art der Worte – sie sind geschaut! –, drittens um den Wirkungskreis – „Israel" und damit das Nordreich – und schließlich viertens um die Zeit, in der Amos auftritt.

Traditionell wird jemand im Alten Orient mit dem Namen seines Vaters vorgestellt: „Sohn/Tochter des N. N." Handelt es sich um einen Fremden, sodass der Vatersname keine brauchbare Information darstellen würde, wird er nach dem Herkunftsort benannt. Ob der Beruf zu den unverzichtbaren Angaben gehört, um einen Menschen vorzustellen, mag dahingestellt bleiben. Hier trägt die Angabe Schafhirt derart exemplarische Züge, dass sie eventuell aus einer späteren Phase der Buchentstehung stammt.

Vermutlich ist der Eingangssatz des Buches Amos im Laufe der langen Überlieferungsgeschichte erweitert worden, um möglichst alles, was als wichtig erschien, gleich zu Beginn mitzuteilen. Manche Wachstumsspuren lassen sich noch sehen. So stehen die beiden Relativsätze in Konkurrenz zueinander, sowohl im Deutschen als auch im Hebräischen. Entweder gehört Amos zu den Schafzüchtern oder er schaut Worte über Israel. Wie viele Stufen der Bearbeitung der erste Vers durchlaufen hat, kann nicht mehr erhoben werden. Wahrscheinlich sind zwei zunächst selbstständige Überschriften zusammengewachsen, eine zur Person des Amos, die andere zu den Worten über Israel. In jedem Fall unterscheidet sich dieser erste Vers von den Eingangsversen anderer Prophetenbücher, die häufig mit der formelhaften Wendung „Wort JHWHs, das erging an N. N." beginnen. Relativ sicher anzutreffen sind jedoch auch in den Eingangsversen anderer Prophetenbücher die Angaben, welcher König gerade herrschte, womit eine solche Schrift sich zeitlich einordnen lässt.

Amos tritt in Israel auf, seine Botschaft richtet sich an das Nordreich Israel. Somit wäre die zeitliche Einordnung des Buches „in die Tage Jerobeams, des Königs von Israel" zu erwarten. Ganz und gar untypisch ist hingegen die Datierung durch die Angabe „zwei Jahre vor dem Erdbeben". Es muss sich um ein markantes Ereignis gehandelt haben, an das man sich noch lange danach erinnerte und das man daher als Referenzpunkt nehmen konnte. Dass darüber hinaus auch der Südreich-König Usija im ersten Vers ausdrücklich genannt wird, deutet auf eine Herausgabe der Amosschrift im Südreich hin. Der Schreiber weiß, dass es eine Zeit nach dem Erdbeben gibt. Das längst eingetroffene Erdbeben will doppeldeutig verstanden sein – es ist ebenso die erschütternde Botschaft selbst, nicht nur das Naturereignis. Also müssen die Worte des Amos noch etwas enthalten, was sie über das Erdbeben hinaus gültig macht. Hinter das Wort „Erdbeben" des ersten Verses ist daher fast ein Doppelpunkt zu setzen. Jetzt kann es losgehen, die gespannten Leser dürfen nun erfahren, was es mit den Worten des Amos auf sich hat.

> *Und er sprach: JHWH – vom Zion brüllt er,*
> *und von Jerusalem erhebt er seine Stimme,*
> *dann welken die Weiden der Hirten,*
> *und der Gipfel des Karmel vertrocknet. (Am 1,2)*

Zunächst scheint es recht banal loszugehen: „Und er sprach". Doch genau das ist das Motto für das ganze Buch: Gott hat gesprochen! In doppelter Variation wird berichtet, wie Gottes Stimme erschallt – er brüllt vom Zion, er erhebt seine Stimme von Jerusalem aus. Die Worte des Amos sind sozusagen nur die menschliche Übersetzung des göttlichen Worts.

Wie ein brüllender Löwe erhebt JHWH seine Stimme vom Zion. Dieses Bild ist unglaublich stark – Gott brüllt wie ein Löwe. Die Löwenthematik taucht im Buch Amos immer wieder an prominenter Stelle auf. Gesamtbiblisch ist es ein eher seltenes Bild für JHWH.

Vereinzelt begegnet es in den weisheitlichen Schriften, etwa, wenn sich Ijob von Gott wie von einem Löwen gejagt fühlt (10,16). Ansonsten ist das Bild im prophetischen Schrifttum beheimatet. Zweimal begegnet das Bild im Buch des Propheten Jesaja (31,4; 38,13). Im Jeremiabuch findet sich das „Wort gegen Edom", das JHWH spricht:

> *Wie ein Löwe, der heraufkommt aus dem Dickicht des Jordan zu den immergrünen Auen, so jage ich sie jählings davon und setze meinen Erwählten dort ein. Denn wer ist mir gleich, wer zieht mich zur Rechenschaft, und wo ist der Hirt, der vor mir standhält? (Jer 49,19 = 50,44)*

Auch Hosea und Joël verwenden das Löwenbild in den dort zitierten Gottesreden:

> *Denn ich bin für Efraim wie ein Löwe, wie ein junger Löwe für das Haus Juda. Ich, ja ich, reiße (die*

Beute), dann gehe ich davon; ich schleppe sie weg,
und keiner kann sie mir entreißen. (Hos 5,14; vgl.
auch Hos 11,10 und 13,7)

Auch für weltliche Herrscher findet das Löwenbild
Verwendung, so heißt es in Zefanja 3,3: „Ihre Fürsten
sind brüllende Löwen." Die engste Parallele zum Ein-
gangsvers des Amosbuchs findet sich bei Joël:

Der Herr brüllt vom Zion her, aus Jerusalem
dröhnt seine Stimme, sodass Himmel und Erde
erbeben. Doch für sein Volk ist der Herr eine Zu-
flucht, er ist eine Burg für Israels Söhne.
(Joël 4,16)

Zum Bild des brüllenden Löwen will die Trauermeta-
phorik welkender Weiden bei Amos eigentlich nicht
passen. Ein zweiter Aspekt drängt so ins Bild: Mit
der einbrechenden Dürre wird dem Volk entzogen,
was es zum Leben braucht – Landschaft, die Frucht
trägt. Mit den „Weiden der Hirten" schließt sich der
Kreis und vollendet sich der Bogen zu Amos' Berufs-
welt.

Dass die Stimme JHWHs im Südreich verortet
wird, ist judäische Tradition – des Herrn Stimme erschallt vom Zion. Wer mit biblischen Texten vertraut
ist, wartet nun darauf, was kommt. Die Erwartung
wird nicht enttäuscht, es folgt ein in Strophen geglie-
dertes Gedicht. Und erwartungsgemäß beginnt es:
„So hat JHWH gesprochen ..." – ähnlich endet es
auch. Diese in der Prophetie häufig anzutreffende

„Botenspruchformel" dient der Legitimation des jeweiligen Sprechers und stellt zugleich oft ein markantes Gliederungsmerkmal in längeren Texten dar.

So hat JHWH gesprochen:
Wegen der drei Verbrechen von Damaskus,
ja wegen der vier nehme ich es nicht zurück:
Weil sie Gilead mit eisernen Dreschschlitten zermalmten,
darum schicke ich Feuer in das Haus Hasaëls,
dass es die Paläste des Ben-Hadad frisst.
Ich zerbreche den Riegel von Damaskus
und rotte aus den Thronenden von Bikat-Awen
und den Zepterträger von Bet-Eden.
Und das Volk von Aram wird nach Kir in die Verbannung gehen,
hat JHWH gesprochen. (Am 1,3-5)

Mit diesen Versen beginnen die sogenannten Völkersprüche des Amosbuchs (1,3–2,16), in denen zunächst die Schuld der Nachbarvölker Israels und Judas zur Sprache kommt. Die Völkersprüche nennen die Völker stets paarweise; zuerst Aramäer und Philister, womit die vorexilischen Erzfeinde Israels in den Blick kommen.

Die erste Strophe der Völkersprüche des Amosbuchs (Am 1,3-5) nennt Aram mit seiner Hauptstadt Damaskus als Ziel der göttlichen Strafandrohung. Am Rand der Wüste gelegen, ist die Oasenstadt Damaskus ein wichtiger Handelsort gewesen. Es kam im Lauf der Geschichte zu mehreren kriegerischen

Auseinandersetzungen zwischen Aram-Damaskus und Israel. Die Erinnerung an die Gewalttaten der Aramäer werden durch den Prophetenspruch im Amosbuch über die Zeiten hin konserviert.

In der Form eines „gestaffelten Zahlenspruchs" werden solche Vergehen genannt: „Wegen der drei Verbrechen ... ja wegen der vier nehme ich es nicht zurück." Diese Spruchform begegnet auch andernorts in der weisheitlichen Literatur nicht nur des Alten Israel. Die poetischen Satzglieder enthalten zunächst eine Zahl x, dann die nächsthöhere Zahl (x + 1). Das Augenmerk liegt dabei stets auf dem letzten Glied der Kette. Nicht im Sinne einer vollständigen Aufzählung, sondern eher durch ein exemplarisch herausgegriffenes Glied dieser Kette wird das Verbrechen ins Wort gefasst – Aram zermalmt Gilead mit dem Dreschschlitten. Das Bild des Dreschschlittens zeigt die Verwüstung des Landes und verdeutlicht das rücksichtslose Verhalten und die Grausamkeit der Verbrechen. Erst viel später in den Eingangskapiteln, in der Israelstrophe, wird der gestaffelte Zahlenspruch dann wirklich ausgeführt, indem vier Vergehen genannt werden. In den vorausgehenden Strophen wird – wie hier erstmals – meist nur eine exemplarische und besonders gravierende Untat benannt.

Die Paläste des herrschenden Ben-Hadad galten seinen Zeitgenossen als besonders sicher, umso schärfer muss die Strafandrohung damaligen Ohren geklungen haben, dass Feuer die Paläste auffressen wird. Der Gottesspruch im Amosbuch fährt fort, indem er nun den Herrscher selbst in den Blick nimmt als denjenigen, in dessen Person sich ganz Aram verkörpert: Der Zepterträger selbst muss ausgerottet werden. Alles gipfelt in der Ankündigung der Verbannung für das ganze Volk von Aram. Die Androhung, wegen der Vergehen ins Exil zu müssen, bezieht sich auf Hosea 8,13:

> *Schlachtopfer lieben sie, sie opfern Fleisch und essen davon; der Herr aber hat kein Gefallen an ihnen. Jetzt denkt er an ihre Schuld und straft sie für ihre Sünden: Sie müssen zurück nach Ägypten.*

Mit dem abschließenden „hat JHWH gesprochen" schließt sich der Rahmen um die Verse 3–5. Unüberhörbar wird damit klargemacht, dass Gott selbst Initiator dieses Gerichts ist – Amos verkündet Gottes- und nicht Menschenwort.

Der Verlauf des Gedichts gönnt Leser und Hörer keine Atempause. Sofort geht es weiter. Mit der zweiten Strophe kommen die Philister an die Reihe, dasjenige Volk, das zur Zeit der Staatswerdung Israels sein mächtigster Feind war. Auch in den nachfolgenden Jahrhunderten war die Bedrohung Israels bzw. Judas durch die Philister nicht zu unterschätzen. Als Nutznießer von Gazas Verbrechen wird Judas Nachbarland Edom erwähnt, das zu dieser Zeit einen großen Bedarf an (versklavten) Arbeitskräften für seinen ausgedehnten Kupferbergbau benötigte.

Die Aramäer von Osten, die Philister von Westen –
in dieser Zange musste Israel/Juda seine äußeren
Grenzen stabilisieren.

> *So hat JHWH gesprochen:*
> *Wegen der drei Verbrechen von Gaza,*
> *ja wegen der vier nehme ich es nicht zurück:*
> *Weil sie Weggeführte vollständig in die Verban-*
> *nung führten,*
> *um auszuliefern an Edom.*
> *So schicke ich Feuer an die Mauer von Gaza,*
> *dass es ihre Paläste frisst.*
> *Ich rotte aus den Thronenden von Aschdod*
> *und den Zepterträger von Aschkelon.*
> *Ich wende meine Hand gegen Ekron,*
> *und der Rest der Philister wird zugrunde gehen,*
> *hat der Herr JHWH gesprochen. (Am 1,6-8)*

Der politische und ökonomische Verbund der von
Philisterfürsten regierten Stadtstaaten wurde „Pentapolis" genannt, weil fünf (griech. „penta") Städte
dazugezählt wurden. Die Verse 7 und 8 zählen diese
Städte der Pentapolis (Gaza, Aschdod, Aschkelon, Ekron) auf, allerdings ohne Gat, das zu dieser Zeit bereits untergegangen war. Zuerst trifft das Unheil die
Herrschenden und dann die ganze philistäische Be-
völkerung. Während die meisten Merkmale dieser
zweiten Strophe denen der ersten Strophe identisch
sind, weicht der Schluss hier ab – zwei Gottesbezeich-
nungen werden verwendet, nicht das allein stehende
JHWH wie beim Spruch gegen Aram-Damaskus (1,5).

Allein schon diese beiden Strophen des stilistisch so markant gerahmten Gedichts lassen erkennen, dass sich Gottes Gericht ankündigt, dass die massiven Vergehen der Fremdvölker ihrer Strafe zugeführt werden. Schreiendes Unrecht bleibt nicht ungesühnt.

Die dritte Strophe (Am 1,9-10) der Völkersprüche im Buch Amos thematisiert den „Bruderbund" zwischen Israel und Tyrus. Insbesondere in den Erzählungen über den Tempelbau durch König Salomo findet Tyrus, vertreten durch seinen König Hiram, eindeutig positive Erwähnung. Das an Edelhölzern arme Israel wird durch Hiram von Tyrus mit Zedern- und Zypressenholz für die Ausstattung des Tempels beliefert (vgl. 1 Kön 9,4-14). Amos 1,9 weiß nun zu berichten, dass durch Tyrus der Bruderbund mit Israel schändlich gebrochen wurde.

In ähnlicher Form widmen sich die vierte, fünfte und sechste Strophe des Völkerspruchzyklus den Vergehen von Edom (1,11-12), Ammon (1,13-15) und Moab (2,1-3). Damit sind die Nachbarstaaten beziehungsweise die Nachbarvölker Israels aufgezählt. Überraschend und unerwartet wendet sich die folgende Strophe nun Juda zu:

So hat JHWH gesprochen:
Wegen der drei Verbrechen von Juda,
ja wegen der vier nehme ich es nicht zurück:
Weil sie die Weisung JHWHs verwarfen
und seine Satzungen nicht beachteten
und ihre Lügen sie in die Irre führten,
denen schon ihre Väter nachliefen.

> *So schicke ich Feuer nach Juda,*
> *dass es die Paläste Jerusalems frisst. (Am 2,4-5)*

Die Juda-Strophe, insgesamt die siebte Strophe des Gedichts, bildet die Nahtstelle zwischen den Fremdvölkern und Israel. Man könnte sie als „theologisches Vorwort" zur folgenden Israelstrophe bezeichnen, da keine konkreten Taten genannt werden, sondern grundsätzliche Vergehen. Alles ist zusammengefasst in dem Vorwurf, die Weisung Gottes missachtet zu haben und anderen Göttern nachgelaufen zu sein.

Nahtlos geht es zur Israel-Strophe (2,6-16). Der Höhepunkt der Komposition ist damit erreicht. Die Israel-Strophe gleicht den vorangegangenen Strophen, etwa, wenn sie mit dem schon bekannten Zahlenspruch beginnt. Allerdings ist sie deutlich länger sowie inhaltlich ausführlicher und differenzierter. Allein die Auflistung der Verbrechen Israels ist umfangreich:

> *So hat JHWH gesprochen:*
> *Wegen der drei Verbrechen von Israel,*
> *ja wegen der vier nehme ich es nicht zurück:*
> *Weil sie den Gerechten für Geld verkaufen*
> *und den Armen wegen eines Paars Sandalen.*
> *(Am 2,6)*

Exkurs: Schuldsklaverei

Wenn ein Mensch im Alten Israel seine Schulden nicht mehr bezahlen konnte, so musste er mit seiner Arbeitskraft beim Schuldner dafür einstehen. Vorausgegangen war dem stets, dass eine Familie durch Missernte, Naturkatastrophe, Krankheit, drückende Steuerlast oder irgendeine andere Unbill in Not geraten war, weshalb sie sich Getreide oder Geld geliehen hatte. Dafür musste sie ein Pfand geben, das entweder eine Sache (ein Acker, eine Handmühle) oder aber eine Person sein konnte. Kann der Schuldner nicht zurückzahlen, so verliert er entweder sein Eigentum oder die Verfügungsgewalt über sich selbst oder eine zu seinem Haus gehörige Person. Diese Praxis – Darlehensgabe wie Sach- bzw. Personenhaftung – war auch sonst in der Alten Welt üblich. Letztlich ist Personenhaftung bis heute nicht obsolet geworden in Situationen, in denen keine Güter als Sicherheit für die geborgte Kreditsumme zur Verfügung stehen. Die Schuld „abzuarbeiten" und sie so zu begleichen, ist dann oft der einzige gangbare Weg, mit dem beide Parteien zu ihrem Recht kommen. Die Einrichtung dieser sogenannten Schuldsklaverei wird mit Vers 6 nicht als solche verurteilt oder gar grundsätzlich infrage gestellt. Sollte niemand bereit sein, etwas auszuleihen, so käme die Not noch viel zwangsläufiger über eine in Bedrängnis geratene Familie. Angeprangert wird die Ausnutzung der eigenen wirtschaftlichen Kraft, um andere so in die Abhängigkeit zu treiben. Der Besitz konzentriert sich sonst in wenigen Händen, während auf der anderen Seite zahlreiche früher eigenständige Familien verelenden. Bei den damals üblichen, für heutige Begriffe aber horrenden Zinssätzen (manche Zeugnisse nennen bis zu 60 Prozent der geliehenen Summe) konnten Widrigkeiten aufseiten des Darlehensnehmers sehr schnell zur Katastrophe führen.

In Israel und Juda waren Schuldsklaven allerdings nicht völlig rechtlos: Sie gehörten zur Familie und mussten nach abgeleisteter Arbeit, also dem Begleichen ihrer Schuld, als freie Menschen wieder entlassen werden (vgl. Ex 21,2; Dtn 15,12) – sofern sie Angehörige des Volkes Israel sind. Aber selbst Ausländer, die als Sklaven etwa im Krieg erworben wurden, waren am Sabbat von der Arbeit freizustellen. Die Gepflogenheit Israels den Schuldsklaven gegenüber umfasst also durchaus humane und soziale Aspekte, um ungebührliche Ausbeutung zu verhindern.

Die mit Vers 6 angeprangerte Schuld Israels liegt darin, dass sie Schuldsklaven weiterverkauft haben, was die Freilassung der Schuldsklaven erschwert, wenn nicht verunmöglicht. Die Skrupellosigkeit der „Menschenverkäufer" tritt darin besonders deutlich zutage, dass es um Kleinigkeiten („ein Paar Sandalen") geht, deretwegen ein Mensch in die Sklaverei gegeben wurde, was völlig unverhältnismäßig ist. Wer sich strikt an das geltende Gesetz hält und es bis zum Letzten auszunutzen weiß, der kann – völlig rechtmäßig – großes Unrecht begehen.

Die Israel-Strophe des Völkerspruchzyklus (Am 2,6-16) prangert zahlreiche Vergehen im Gottesvolk an. Insbesondere das Ideal einer Gesellschaft von Freien und Gleichen wird schmählich verraten.

Wegen lächerlich kleiner Summen werden Menschen von materiell Mächtigeren bis in die Schuldsklaverei verkauft. Insgesamt wird das Recht der Armen buchstäblich mit Füßen getreten, was Amos 2,7 zum Ausdruck bringt:

Sie treten in den Staub der Erde das Haupt der Geringen, und den Weg der Gebeugten beugen sie.

Israel führt seine Tora und damit seine Lebensordnung unmittelbar auf die Gotteserscheinung am Sinai zurück. Daraus entsteht ein theologisches Rechtsverständnis, welches das geregelte Zusammenleben der Menschen als Ausdruck des göttlichen Willens begreift. Insbesondere die Schwächeren der Gesellschaft – Arme, Waisen und Witwen, die klassische Trias der personae miserae – werden durch eigene Rechtssätze besonders geschützt. Trotz aller Beschwörung des Gegenteils war Armut im Alten Israel eine allgegenwärtige Realität. Wer nicht selbst körperlich arbeiten und damit für seinen Lebensunterhalt aufkommen konnte, wer in Krankheit oder Alter nicht durch einen starken Familienverband versorgt wurde, dem fehlte schnell das Nötigste zum Leben. Übergreifende Strukturen gab es (selbst nach dem Übergang in die Staatlichkeit lange Zeit) nicht, weshalb jeder Einzelne nach seinem Ermessen Almosen geben oder in anderer Weise mildtätig wirken konnte – oder eben auch nicht. Wenn es der persönlichen Entscheidung überlassen wird, den Weg der Gerechtigkeit einzuschlagen, bleibt der Arme auf

das individuelle Wohlverhalten des Reichen ange-
wiesen. Dementsprechend unsicher ist, ob er zu seinem Recht – das entsprechende Wort für Almosen
heißt im Hebräischen Gerechtigkeit und ist etwas,
was dem Armen zusteht, keine mildtätige Wohl-
tat des Reichen – kommt. Vermutlich ab der helle-
nistischen Zeit werden die für die Armen bestimmten Almosen deshalb zentral eingesammelt, in
der Synagoge hinterlegt und von dort aus auch ver-
teilt.

Familiäre Solidarität, soziale Gesetzgebung und
ein Ethos des Almosengebens sind die drei Säulen,
die der Verelendung Einhalt gebieten sollen.

Das Eintreten zugunsten der Armen wird durch
Gott selbst motiviert: Er ist der, der den Schrei der
Armen hört (vgl. Ex 3,7). Aus dieser Option für die Armen folgen ausdifferenzierte soziale Bestimmungen
und Gebote, die zum Ziel haben, den Armen ihre Le-
bensmöglichkeiten zu belassen. Diese Parteinahme
durchzieht die Hebräische Bibel wie ein roter Faden.
Arme sollen nicht unterdrückt und um ihr Recht gebracht werden, so fordern es Tora und Propheten (vgl.
Ex 23,6; Jer 5,28). Mit konkreten Bestimmungen soll
Verarmung eingedämmt werden, etwa mit den Rege-
lungen zur Nachlese oder zum Ertrag des Brachjahrs,
die den Armen zustehen, schließlich auch durch die
Einrichtung des Schuldenerlasses, der alle sieben
Jahre stattzufinden hat.

Obwohl meist ohne Beistand, hat der Arme das
Recht, seine Sache vor Gericht vorzubringen. Es liegt
auf der Hand, dass die Rechtsbeugung in einem

solchen Fall mit geringem Aufwand betrieben werden konnte. So mahnt Ex 23,6:

Du sollst das Recht des Armen in seinem Rechts-
streit nicht beugen.

Der Arme hat wenig Möglichkeiten, sein Recht einzu-
fordern, wenn es ihm vorenthalten wird. Gegen diejenigen, die das Sagen und die Macht im Dorf, in der
Stadt oder in einem anderen Sozialgebilde haben,
kommen die Armen nicht an. Für sie steht niemand
ein.

Obwohl die Parteinahme zahlreicher biblischer
Texte zugunsten der Benachteiligten ganz eindeutig
ist, findet sich nirgends in der Hebräischen Bibel eine
Verklärung der Armut. Armut gilt als Elend, als etwas, das nicht sein soll; überhöht wird der Zustand
nicht. Für die Propheten ist Armut das Ergebnis ge-
sellschaftlicher Umschichtungen und ungerechter
Vorgänge in der Gesellschaft. Betraf es zunächst nur
Randgruppen, so verarmten in der Königszeit durch
die soziale Polarisierung immer größere Gruppen,
bis schließlich die überwiegende Mehrheit der Bevöl-
kerung zu den Armen gerechnet werden musste, während sich der Wohlstand auf eine kleine Oberschicht
beschränkte.

Vor diesem Hintergrund bildet sich in der Spätzeit
der biblischen Schriften eine regelrechte „Armen-
frömmigkeit" aus. Die zunächst durch äußere Umstände aufgezwungene Armut wird auch innerlich
akzeptiert und als Weg zur wahren Gottesverehrung

angenommen. Die Armen, die im Gegensatz zu den stolzen Reichen stehen (vgl. etwa Psalm 37), sind die Demütigen, sind die Gerechten und damit die wahren Mächtigen. Zahlreiche Psalmen sind von diesem Bewusstsein durchzogen. Der Weg der materiellen wie der spirituellen Armut wird gepriesen, weil er ein gottgefälliges Leben in Gesetzestreue ermöglicht.

In den Texten der Qumran-Gemeinde am Toten Meer, die zwischen 250 v. Chr. und 70 n. Chr. verfasst wurden und deren spektakuläre Wiederauffindung vor wenigen Jahrzehnten unser Bild über die Frömmigkeit zur Zeitenwende bereichert, wird das Armsein vor Gott theologisch reflektiert und im täglichen Leben verwirklicht, man versteht sich als „Gemeinde der Armen".

Diese Linie lässt sich bis ins Neue Testament ausziehen. Das Magnifikat wird gesungen von der „niedrigen Magd" Maria. Aus diesem Milieu der „kleinen Leute", der Handwerker und Bauern, stammt Jesus von Nazaret. Er selbst preist die Armen selig (Mt 5,3; Lk 6,20) und verheißt ihnen das Reich Gottes.

Mit dem Armenrecht, das gebrochen wird, war ein Hauptbestandteil der sozialen Gesetzgebung Israels angesprochen. Das Recht des Armen wird durch Gott begründet, legitimiert und bei Vergehen sanktioniert.

Nun wenden sich im Völkerspruchzyklus die Anklagen der Israel-Strophe (2,6-16) Untaten zu, die sich im ausdrücklich kultischen Bereich abspielen: Ein Mann und sein Vater gehen zum Mädchen, „um den Namen meiner Heiligkeit zu entweihen" (2,7b). In Israel ist es Vater und Sohn nicht gestattet, mit derselben Frau Geschlechtsverkehr zu haben. Es wird – in letzter Zeit in der Bibelwissenschaft aber mit großer Zurückhaltung – überlegt, ob sich hier durch das hebräische Wort, das für „Frau" verwendet wird, ein Hinweis auf sogenannte Kultprostitution findet. Der Fortgang in Vers 8 lässt es zumindest als möglich erscheinen, da die Ortsangabe „neben jedem Altar" direkt in den kultischen Bereich verweist:

> *Auf gepfändeten Kleidern strecken sie sich aus*
> *neben jedem Altar. Wein von Bußgeldern trinken*
> *sie im Hause ihres Gottes. (Am 2,8)*

Obwohl es üblich und erlaubt ist, materiellen Besitz als Pfand zu nehmen, gilt dieses Recht nicht unbegrenzt: Einem Armen darf nicht das „letzte Hemd" genommen werden; gegen die Nachtkälte muss ihm der Mantel, der als Zudecke diente, bleiben. Dass diese Vergehen „neben dem Altar" beziehungsweise „im Hause ihres Gottes" stattfinden, setzt dem Ganzen noch die Krone auf.

In scharfer Entgegensetzung beginnt die Gottesrede mit einem „Ich aber". Zugunsten Israels hat Gott das feindliche Volk der Amoriter vernichtet, damit Israel nach seiner Wüstenwanderung das Land in Besitz nehmen kann. Grundlegend ist damit die eigentliche Tat Gottes genannt, durch die er sich sein Volk überhaupt erst schafft – die Befreiung und Führung aus dem Sklavenhaus Ägypten (V. 10). Innerhalb

dieses Volkes Gottes werden einige besonders her-
ausgegriffen, um Gottes Wort weiterzugeben, nämlich die Propheten. Doch denen wurde der Mund ver-
boten, das Wort Gottes war nicht willkommen. Hier
kündigt sich in allgemeiner Form schon das an, was
Amos am eigenen Leib widerfahren wird: Das prophetische Reden wird ihm untersagt (7,10-17).

*Einige von euren Söhnen habe ich zu Propheten
gemacht und einige von euren jungen Männern
zu Nasiräern. War es nicht wirklich so, Söhne Israels? – Spruch JHWHs. Doch ihr gabt den Nasiräern Wein zu trinken, und den Propheten befahlt ihr: Prophezeit nicht. (2,11-12)*

Was genau es mit den Nasiräern auf sich hatte, bleibt
im Dunkel der Geschichte verborgen. Doch einige
wenige gottgeweihte Nasiräer nennt die Bibel mit
Namen. Zu diesem Gelübde, das auf Zeit oder auch
lebenslänglich abgelegt werden konnte, gehören
zwei äußere Zeichen: Kein Schermesser soll an das
Haar kommen und es wird nichts Vergorenes (also
insbesondere kein Wein) getrunken.

Exkurs: Das Nasiräer-Gelübde

Gelübde sind sowohl im Alten wie im Neuen Testament
eine selbstverständliche religiöse Praxis. Die dahinter
stehende Grundidee lässt sich in etwa folgendermaßen
umreißen: Ein Mensch in großer Not verpflichtet sich

gegenüber Gott, etwas Bestimmtes zu tun, wenn Gott in die Not eingreift. Solche Nöte konnten sein: Flucht und Aufenthalt in der Fremde (vgl. das Gelübde des Ahnvaters Jakob, Gen 28,20-28), Kinderlosigkeit (vgl. das Gelübde der Hanna, die damit ihren noch nicht geborenen Sohn Samuel zum puer oblatus macht, 1 Sam 1,21-28), Gefahr auf See (vgl. die Jonaerzählung, aus der deutlich hervorgeht, dass auch eine Gruppe von Menschen und nicht nur ein Einzelner ein Gelübde ablegen kann, Jona 1,16), und Kriegssituationen (Num 21,1-3; Ri 11,30-31). Das Gelübde war keine Vorschrift, sondern eine freiwillige Gottesverehrung. Ein einmal abgelegtes Gelübde musste aber eingehalten werden, darum warnen die Weisheitsschriften vor übereilten oder unbedachten Gelübden. Die Erfüllung des Gelübdes geschah meist im Rahmen eines Dankgottesdienstes.

Eine bestimmte Form eines Gelübdes, das offensichtlich wie bei Samuel auch die Eltern für ein Kind ablegen konnten, war das Nasiräer-Gelübde. Ein nasir ist eine Sache, die dem gewöhnlichen Gebrauch entzogen und gottgeweiht ist. Besonders bekannt ist die erzählerisch breit ausgeführte Geschichte von Simson. Der bis dahin als unfruchtbar geltenden Mutter, Frau des Manoach, deren eigener Name nicht genannt wird, verheißt ein Engel einen Sohn. Bereits während der Schwangerschaft soll sie bestimmte Vorschriften einhalten, da der Sohn ein gottgeweihter Nasiräer sein wird. Sie darf nichts, was vom Weinstock kommt, genießen, weder Wein noch Bier trinken und nichts Unreines essen. An das Haar des Sohnes darf kein Schermesser kommen (vgl. Ri 13).

Beim Apostel Paulus ist von zeitlichen Nasiräer-Gelübden zu erfahren, die mit einer Geldspende verbunden werden (vgl. 2 Kor 8–9). Als lebenslange Nasiräer kennt die Bibel nur Simson und Samuel.

Wenn nun die Söhne Israels den Nasiräern genau Wein zu trinken geben, dann treten sie deren religiös motivierte Gelübde mit Füßen. Wegen dieser Taten kann das Gericht nicht ausbleiben:

> *Seht, ich zerfurche unter euch*
> *wie ein Wagen zerfurcht,*
> *der voll ist von geschnittenen Ähren.*
> *Zugrunde geht die Zufluchtstätte vor dem Schnellen,*
> *und den Starken stützt seine Kraft nicht,*
> *und der Held rettet sein Leben nicht,*
> *und der Bogenschütze bleibt nicht stehen,*
> *und der schnelle Läufer rettet sich nicht,*
> *und der das Pferd lenkt, rettet sein Leben nicht,*
> *und der Mutige unter den Helden,*
> *nackt flieht er an jenem Tag*
> *– Spruch JHWHs. (Am 2,13-16)*

Amos kehrt das positive Bild der Ernte in ein bedrohliches Bild vom zerfurchenden oder schwankenden Erntewagen um. Es wird noch schlimmer: Nichts von dem, worauf der Mensch sich verlässt – Schnelligkeit, Stärke, Heldentum, Waffen, Pferde – kann dem Menschen und Israel noch etwas nützen, nichts bringt mehr Rettung.

Die Beschreibung der Kriegsverbrechen der Nachbarvölker waren nur der Auftakt, nun bilden die Vergehen Israels und Judas das Finale: Es sind Verbrechen gegen die eigenen Leute.

Worte gegen Israel (Am 3–6)

Die Kapitel 3 bis 6 bilden den Mittelteil des Buches Amos, ihr Inhalt sind „Worte gegen Israel". Das dritte Kapitel wird als Gottesrede eingeleitet, das fünfte hingegen als Rede des Amos, wodurch der große und insgesamt vier Kapitel umfassende Mittelteil in zwei Abschnitte unterteilt wird (3–4 und 5–6).

> *Hört dieses Wort,*
> *das JHWH geredet hat gegen euch, Söhne Israels,*
> *gegen die ganze Sippe, die ich [= Gott] heraufge-*
> *führt habe aus dem Lande Ägypten: ... (Am 3,1)*

> *Hört dieses Wort,*
> *das ich [= Amos] über euch anstimme als Toten-*
> *klage, Haus Israel: ... (Am 5,1)*

Beide Überschriften enthalten die gleiche Anrede, ebenso ist der Relativsatz gleich, der Ausdruck „über euch" und ein Vokativ kommen ebenfalls in beiden Überschriften vor. Unterschiede gibt es, was die Adressaten betrifft: In den Kapiteln 3 und 4 – und nur dort – werden die „Söhne Israels" angesprochen, in den Kapiteln 5 und 6 – und nur dort – stets das „Haus Israel". Der Begriff „Söhne" spielt mehr auf die Auserwählung Israels an, der Begriff vom „Haus" zielt stärker auf die politische Größe des Nordreiches. Kapitel

3 und 4 handeln also von der Schuld des Gottesvolkes, Kapitel 5 und 6 sind dagegen eine Klage über den Untergang des Gemeinwesens. Weitere Unterschiede betreffen die Sprecher – erst ergeht Gottesrede, dann Prophetenwort – sowie die unterschiedlichen Zeitstufen, in denen die Reden erfolgen. Während die Gottesrede in der Vergangenheit wiedergegeben wird, ist das Wort des Amos gegenwärtig zu übersetzen. Die Worte des Amos sind also als eine Konsequenz der Gottesrede zu sehen. Sie reichen ins Heute hinein.

Mit dem einleitenden Vers 3,1 beginnen die Worte Gottes, die bis 4,13 reichen. Eine Begründung für die durchgängige Unheilsbotschaft erfolgt sofort in Vers 3,2:

Nur euch habe ich erkannt
aus allen Sippen des Erdbodens.
Deshalb suche ich an euch heim
all eure Sünden.

Dieser Vers ist ein Programmwort und könnte „gleichsam das Motto des ganzen Buches Amos" sein, so der Exeget Julius Wellhausen. Der Vers zeigt die Konsequenz der Erwählung durch einen scharfen Kontrast zwischen erster und zweiter Vershälfte: Die Erwählung ist nicht nur ein Vorrecht, sondern sie nimmt auch in die Pflicht. Die Exklusivität des Gottesverhältnisses wird herausgestellt: „nur euch von allen Völkern". Für „erkennen" wird ein Verb verwendet, dessen Bedeutungsspanne vom verstandesmäßigen

Erkennen bis zum „Erkennen" zwischen Mann und Frau reicht. Es umfasst intellektuelle sowie gleichermaßen emotionale Aspekte. Damit kommt eine sehr persönliche Nuance in den Begründungssatz der Gottesrede. Dasselbe Verb „erkennen" wird weiter unten im Kapitel in Vers 10a wieder aufgegriffen werden, wenn es heißt: „Sie verstehen/erkennen nicht, das Rechte zu tun." Dem folgt in Vers 11 das große „deshalb": Durch dieses Unverständnis verspielt Israel seine Eigenart.

„Erkennen" spielt auch in der Begegnung zwischen Gott und seinem beglaubigten Propheten eine Rolle. Nicht ausdrücklich bei Amos, aber bei Mose, demjenigen Propheten, der Gott nähergekommen ist als jemals vorher ein Mensch. „Niemals wieder ist in Israel ein Prophet wie Mose aufgetreten. Ihn hat JHWH von Angesicht zu Angesicht berufen/erkannt" (Dtn 34,10) – mit dieser abschließenden Charakteristik endet das Buch Deuteronomium, das als große stilisierte Moserede die Ereignisse am Todestag des Erzpropheten wiedergibt.

Von einer Heimsuchung möchte niemand etwas hören, auch nicht von Verfehlungen, die man begangen hat. Darum folgt nun eine Kette von Fragen, um das Gotteswort einzuholen:

Gehen zwei zusammen, ohne dass sie zusammentrafen? (Am 3,3)

Mit dieser ersten Frage wird das Argumentationsschema eingeführt, das auch die folgenden Verse bestimmt, nämlich die Abfolge von Ursache und Wirkung.

> *Brüllt ein Löwe im Dickicht,*
> *und er hat keine Beute?*
> *Erhebt ein junger Löwe seine Stimme aus dem*
> *Versteck,*
> *ohne dass er gefangen hat? (Am 3,4)*

Wenn hier das Löwenbild aufgenommen wird, das den Mottovers 1,2 am Buchbeginn prägte, so ist die Botschaft klar: Gott brüllt als Löwe, und Israel ist die Beute. Im menschlichen Alltag kennt jedes Kind die Antwort auf die fast rhetorisch zu verstehende Frage – der Löwe brüllt, wenn er Beute erlegt hat. Nun aber brüllt JHWH – wehe über Israel. Weiter gehen die Fragen, die Beobachtungen aus dem damaligen Alltag aufgreifen:

> *Fällt ein Vogel auf die Erde,*
> *und ein Wurfholz hat ihn nicht getroffen?*
> *Springt das Klappnetz vom Erdboden auf,*
> *und es hat keinen Fang gefangen?*
> *Oder stößt man ins Widderhorn in der Stadt,*
> *und das Volk zittert nicht?*
> *Oder geschieht ein Unglück in der Stadt,*
> *und JHWH hat es nicht bewirkt? (Am 3,5-6)*

Die Kette der Fragen wird von einem regelrecht erläuternden Einschub unterbrochen:

> *Denn der Herr JHWH bewirkt nicht*
> *irgendetwas,*
> *wenn er seinen Plan seinen Knechten, den*
> *Propheten, nicht geoffenbart hat. (Am 3,7)*

Israels Schuld – darauf möchte die Belehrung hinaus – hat also zwei Phasen durchlaufen: Zunächst verübt es Verbrechen und wird anschließend doppelt unentschuldbar, weil es auf die von Gott gesandten Propheten nicht gehört hat. Die Chance zur Umkehr wurde verpasst. Die Fragenkette wird dann weitergeführt:

> *Ein Löwe hat gebrüllt,*
> *wer fürchtet sich nicht?*
> *Der Herr JHWH hat geredet,*
> *wer prophezeit nicht? (Am 3,8)*

Diesem Gott ist Amos begegnet, und darum muss er reden! Es wird in Vers 8 ein gewisser Abschluss erreicht, der mit Vers 1 einen Rahmen bildet: „JHWH hat geredet."

Das Hin und Her der Fragen folgt einem Muster: Es wird jeweils ein Zeichen beschrieben, in dem sich ein verborgener Vorgang manifestiert und aus dem dieser Vorgang erschlossen wird. Zwei gehen zusammen – also hat es eine Verabredung gegeben (3,3); der Löwe brüllt – also hat er Beute gefangen (3,4); ein Vogel fällt – also hat der Jäger ihn mit dem Wurfholz

erwischt (3,5a); eine Tierfalle, das Klappnetz, ist zuge-
schnappt – also sitzt ein Beutetier darin (3,5b); das
Horn wird warnend geblasen – also ist ein Feind im
Anmarsch auf die Stadt (3,6a); ein Unglück ist geschehen – also hat JHWH es bewirkt (3,6b).

In Vers 8b finden wir jedoch kein Zeichen wie in
den vorherigen Versen: Gottes Rede ist kein Zeichen,
aus dem Prophezeiung erschlossen wird, sondern
umgekehrt: Gottes Rede manifestiert sich in der Prophezeiung. Der Gipfel dieses ersten Teilstücks lautet:
Jeder kann – und müsste! – erschließen, dass es sich
hier um Gottes Wort handelt, aber es wird nicht verstanden.

Übergangslos wird die rhetorische Belehrung
durch die Kette von neun Fragen verlassen, um die
Aufmerksamkeit wieder den Vergehen selbst zuzu-
wenden. Mit noch größerer Aufmerksamkeit sollte
nun jedem klar sein, dass es sich wirklich um Gottes
Rede handelt, die der Prophet hier zu Gehör bringt.

Lasst es hören über den Palästen in Aschdod
und über den Palästen im Lande Ägypten
und sprecht:
Sammelt euch auf den Bergen von Samaria
und seht das wilde Treiben in ihrer Mitte
und die Unterdrückten in ihrem Inneren.
Sie verstehen nicht, das Rechte zu tun
– Spruch JHWHs.
Sie häufen Gewalttat und Zerstörung in ihren
Palästen auf.

Deshalb – so hat der Herr JHWH gesprochen –
wird ein Feind das Land umzingeln
und deine Macht von dir herabreißen,
und deine Paläste werden geplündert werden.
(Am 3,9-11)

Rings um Samaria herum soll sich die damalige internationale Elite – Aschdod und Ägypten – versammeln, um öffentlich festzustellen, dass dort brutaler Terror herrscht. Mit drastischen Bildern zeichnen die Verse die Unterdrückung, die in der Hauptstadt Samaria verübt wird. Im Zentrum steht das verlorene Rechtsempfinden, die Wurzel allen Übels: „Sie verstehen nicht, das Rechte zu tun." Dort, wo das Recht nicht mehr geachtet wird, fügt sich Gewalttat an Zerstörung, gerät alles aus den Fugen.

Gott macht diesem Treiben ein Ende, indem ein Feind in das Land einfällt. Obwohl die Assyrer das alles beherrschende Feindbild in der Erinnerung der biblischen Texte sind, werden sie im Buch Amos nirgends genannt. Vermutlich haben wir damit einen Hinweis auf die Entstehungszeit des Buches Amos, zumindest in seinem Grundbestand – die Texte dürften tatsächlich bis in das frühe achte Jahrhundert vor Christus zurückreichen und damit in die Zeit vor der assyrischen Eroberung des Nordreichs Israel.

So wie die Paläste der Herrschenden als Ausgangsort der Schuld genannt werden, so sind sie das Ziel der Bestrafung – die Paläste werden geplündert werden.

Obwohl die drohende Vergeltung im Raum steht, widmet sich der Text der Frage, ob diese Bestrafung unumgänglich ist, ob es nicht vielmehr noch eine Rettungsmöglichkeit für Israel gibt. Eine vorläufige Antwort erfolgt in einem Bildwort:

> *So hat JHWH gesprochen:*
> *Wie der Hirt aus dem Maul des Löwen*
> *zwei Wadenbeine oder ein Ohrläppchen*
> *herausreißt,*
> *so werden die Söhne Israels herausgerissen,*
> *die in Samaria sitzen*
> *an der Lehne des Diwans*
> *und am Stützpolster des Bettes. (Am 3,12)*

Das Bild ist allerdings auf den ersten Blick nicht eindeutig, denn „herausreißen" kann man jemanden auch aus dem Elend. Ist hier also doch Rettung in Sicht?

Es gab im Hirtenrecht eine Bestimmung, die besagte, ein Hirte müsse, wenn ihm ein Tier gerissen wurde, als Beweis das tote Tier oder wenigstens Teile davon beim Eigentümer vorzeigen. Kann er dies, so braucht er keinen Ersatz zu leisten (vgl. Ex 22,9-12). Damit sollte vermutlich verhindert werden, dass der Hirte ein Tier auf eigene Rechnung heimlich weiterverkauft und dann den Eigentümer glauben macht, er habe es durch wilde Tiere eingebüßt. Eine erzählerisch weit ausgestaltete Erwähnung dieses Brauchs enthält die Josefsgeschichte: Nachdem die Brüder Josef, den bevorzugten Lieblingssohn seines Vaters

Jakob, in die Fremde verkauft haben, bringen sie Jakob das mit Blut verschmierte Gewand Josefs, um den Vater so glauben zu machen, Josef sei einem wilden Tier zum Opfer gefallen (Gen 37,12-36).

Im Hintergrund steht bei Amos wiederum das Löwenbild: Gott reißt todbringend. Und zugleich bildet das Bild des Löwen eine Klammer zu den vorher genannten Luxusbetten. Denn oft sind deren Füße aus Elfenbein in Löwenform geschnitzt. Damit ahmt die reiche Oberklasse einen modischen „Trend" aus Assur und Ägypten nach. Solche Löwen wurden als Dämonen abwehrend verstanden, was nur deutlich zeigt, wie sehr dieser ganze Abschnitt gegen die Reichen von Ironie und Sarkasmus trieft. Während sie schwelgerisch auf Löwen aus Elfenbein liegen, fällt der Löwe JHWH sie an. Wenn dann von Israel nur noch ein Ohrläppchen übrig bleibt, ist es alles andere als heil davongekommen.

Und dennoch verharrt der Abschnitt in der Offenheit der Frage, ob Israel gerettet wird. Die Verse 13/14 zeigen die Dringlichkeit der letzten Stunde an. Es wird Überlebende geben. Das Haus Jakob wird die neue Gemeinde sein, die aus dem Geschick von Bet-El gelernt hat.

Exkurs: diachron – synchron / Kanonische Exegese

Das Reichsheiligtum Bet-El sowie weitere wichtige Kultorte, etwa das bei Amos mehrfach erwähnte Gilgal, werden in unterschiedlichen Jahrhunderten sehr verschieden beurteilt. Selbstverständlich ist für die Zeitgenossen des Amos, die nach Bet-El kommen, um dort den Kult zu begehen, völlig fraglos, dass es sich dabei um eine hoch zu schätzende Kultstätte handelt. Die Würde des Ortes steht nicht in Frage, ähnlich verhält es sich mit den anderen Heiligtümern. Jedes von ihnen hat eine Gründungsgeschichte, mit der die jeweilige Entstehung in die Anfänge Israels verlegt wird. Bet-El wird durch den Ahnvater Jakob begründet, dem im Traum Engel, die auf einer Leiter, die bis in den Himmel reicht, die Bedeutung dieses Ortes regelrecht offenbaren.

> *Wie Ehrfurcht gebietend ist doch dieser Ort! Hier ist nichts anderes als das Haus Gottes und das Tor des Himmels. (Gen 28,17)*

Unter dem bedeutsamen Namen Bet-El, was nichts anderes als „Haus Gottes" heißt, begründet Jakob die Kultstätte durch sein Gelübde, dort ein Gotteshaus zu errichten. Zumindest seit Jerobeam I., dem ersten König des Nordreichs Israel nach der Reichsteilung um das Jahr 930 v. Chr., galt das Heiligtum in Bet-El im vollen Sinne als Tempel. Heilige Orte sind bedeutsam für den Gottesbezug, hier – so glaubt man – besteht eine besonders enge Verbindung zwischen Himmel und Erde, hier berührt das

Göttliche das Irdische. Das Bild von der Himmelsleiter illustriert diese Verbindung der beiden Sphären; mit der im Traum geschauten Leiter wird die Verbindung von Erde und Himmel hergestellt und ermöglicht. Durch die Errichtung der Kultstätte an diesem heiligen Ort wird der vorgängigen Erfahrung der besonderen Bedeutung Gestalt und Dauer verliehen. Bet-El hat eine für Israel längere und bedeutendere Tradition als Jerusalem.

Wieso aber muss Israel aus dem Geschick Bet-Els lernen? Die Heilige Schrift überliefert Texte, die oftmals eine jahrhundertelange Entstehungsgeschichte hinter sich haben. Während moderne Bücher in der Regel sogenannte „Autorenliteratur" sind (ein oder mehrere Verfasser schreiben ein Buch und bringen es dann so gekennzeichnet auf den Markt), sind viele Texte der Heiligen Schrift als Traditionsliteratur zu verstehen. Traditionsliteratur meint, dass ein hoch geachteter Text zunächst in einer ersten Version niedergelegt wird, wobei der Name des Verfassers nicht bekannt sein muss. Weitere Hände schreiben daran fort und ergänzen neue Kapitel oder Textteile. Die Bibelwissenschaft vermag häufig mehrere Schichten der Buchentstehung von biblischen Schriften plausibel zu machen und diese Schichten bzw. Textteile auch bestimmten Phasen der Geschichte Israels zuzuordnen. Dies gilt auch für das Buch Amos.

Dem modernen Verständnis ist es fremd geworden, dass Texte überliefert und dabei weitergeschrieben, teilweise aber auch regelrecht umgedeutet werden. Das Buch Amos lässt sich in seiner Gesamtheit ebenfalls nur verstehen, wenn eine über Jahrhunderte dauernde Entstehungs- und Fortschreibungsgeschichte angenommen wird. Weit nach dem Auftreten des Amos im 8. vorchristlichen Jahrhundert hat Israel mehrere Katastrophen durchlebt, die ihren Niederschlag im Buch Amos hinterlassen haben. Spätere Generationen sahen also die Gottesbotschaft des Amos als bedeutsam und geeignet dafür an, um weitere Glaubenszeugnisse ihrer eigenen Zeit daran anzuschließen. Das Buch wurde fortgeschrieben und somit aktualisiert. Irgendwann kommt dieser Fortschreibungsprozess zu einem Ende und der Textbestand wird als verbindlich – kanonisch – erklärt. Ab diesem Zeitpunkt wird der Text nicht mehr erweitert, sondern nur noch extern kommentiert. Die Zeit der Auslegung bricht an.

Für alle, die mit dem biblischen Text umgehen, stellt sich damit die Frage, welche Textstufe denn nun normativ ist – stets der jeweils älteste Kern? Diesen zu erschließen, muss aber notwendigerweise immer hypothetisch bleiben, sichere Ergebnisse hinsichtlich der Datierung von Textteilen sind nur sehr schwer zu gewinnen. Letztlich kann normativ immer nur der kanonische und damit der Endtext eines biblischen Buches sein. Auf diese Gestalt hat die Glaubensgemeinschaft sich verständigt, er ist Wort Gottes, das weitergegeben und ausgelegt wird. So kommt es dazu, dass bestimmte Textteile, die vermutlich einer späteren Phase der Buchentstehung zuzurechnen sind, den Aussagegehalt nachhaltig beeinflussen. Insbesondere die Jahre des Babylonischen Exils (586–538 v. Chr.) sind für die Ausformulierung zahlreicher theologischer Inhalte außerordentlich bestimmend. Erst hier wird die Schöpfungstheologie ausformuliert, vermutlich erst hier wird der auch theoretische Monotheismus in seine dann prägende Gestalt gegossen.

In diesen Jahren des Exils sowie in den Jahrzehnten danach wird eine bestimmte theologische Schule bzw. Strömung mächtig, die hinter dem fünften Buch Mose, dem Deuteronomium, steht. Die Leitideen dieser Deuteronomisten bzw. deuteronomistischen Schule finden sich von da ab durch einen kreativen Überarbeitungs- und Fortschreibungsprozess auch in zahlreichen anderen Schriften der Hebräischen Bibel. Eine wichtige Forderung des Deuteronomiums besteht darin, einzuschärfen, dass Gott nur an einem einzigen Ort verehrt werden darf, nämlich in Jerusalem. Damit einher geht eine Abwertung der anderen Kultstätten. Einen Widerhall dessen lässt sich auch im Buch Amos vernehmen: in der Wertung Bet-Els.

Bet-El steht in dieser durch die Deuteronomisten beeinflussten Perspektive für die größtmögliche Sünde: das Verbot der prophetischen Rede und die „Sünde Jerobeams", das Stierheiligtum, das für JHWH in Bet-El errichtet wurde. Zu diesen goldenen Stierbildnissen kam es allerdings nicht deshalb, weil König Jerobeam die Gottheit wechseln wollte, sondern weil er das Volk von den Wallfahrten nach Jerusalem abhalten wollte. Nur aus diesem Grund ließ er zwei goldene Kälber anfertigen und eines in Bet-El, das andere in Dan aufstellen (1 Kön 12,26-30). Die goldenen Stiere sollten Trägerfiguren des unsichtbaren Gottes JHWH sein. Im strikten Sinne beging er damit keinerlei Vergehen gegen das Bilderverbot. Dadurch, dass aber nun das gleiche Symbol wie für den Gott Baal für die Bildnisse gewählt wurde – ein Stier –, öffnete er – so jedenfalls das vernichtende Urteil späterer Generationen – dem Götzendienst Tür und Tor. Aus diesem Grunde fällte die deuteronomistische Geschichtsschreibung über ihn

das harte Urteil, das Volk vom wahren Glauben wegge-
führt zu haben. Die Sünde Jerobeams führte in den Götzendienst und zog deshalb die Strafe Gottes unweigerlich
nach sich. An diese Tradition der Verurteilung knüpfen die
deuteronomistisch überarbeiteten Teile des Buches
Amos an.

Der Götzendienst wird wiederum im gleichen Atem-
zug genannt wie die sozialen Missstände. In Vers 15
wird das Wort „Haus" gleich viermal genannt. Das
große Unrecht der Enteignung von Häusern wird ge-
brandmarkt. Wohlstand wird in der Schrift insgesamt als ein Segen Gottes angesehen und ist durchaus etwas Erstrebenswertes. In sich abzulehnen ist er
nicht. Zugleich herrscht ein sehr realistischer Blick
für die Gefahren, die mit großem Reichtum einherge-
hen, für den Reichen selbst wie auch für die Gesellschaft insgesamt. Anders als später in der Verkündigung des Jesus von Nazaret findet sich in der Hebräischen Schrift – zumal in den ältesten Teilen – keine Verklärung der materiellen Armut. Anzuklagen ist
allerdings jeder Reichtum, der auf Kosten anderer
angehäuft wird, insbesondere durch Enteignung von
Besitz. Eine enge Parallele ist im Mahnwort aus Jesaja
5,8-9 zu sehen:

*Weh euch, die ihr Haus an Haus reiht / und Feld
an Feld fügt, bis kein Platz mehr da ist / und ihr
allein im Land ansässig seid. Meine Ohren hören
das Wort des Herrn der Heere: / Wahrhaftig, alle*

eure Häuser sollen veröden. So groß und schön
sie auch sind: / Sie sollen unbewohnt sein.

Solcher Wohlstand, der andere wegdrängt und ihrer
Lebensgrundlage beraubt, fußt auf Unrecht und ist
nicht durch eigene Anstrengung redlich erarbeitet.
Das Leben auf Kosten anderer wird scharf gegeißelt.
Zugleich wird die schiere Prachtentfaltung vor Augen
geführt: mit Elfenbein ausgestattete Luxushäuser,
entsprechend den klimatischen Erfordernissen der
jeweiligen Saison ausgestattet – ein solcher Luxus ist
nicht von eigener Hand erarbeitet. Dennoch redet
Amos nicht der bescheidenen und dürftigen Existenz
das Wort. Am Abschluss der ganzen Amosschrift
steht die Vision eines reichen und gesegneten Landes, in dem die Berge von Wein triefen (Am 9,13).
Dort, wo menschliche Arbeit und göttlicher Segen die
Frucht gedeihen lassen, dort ist Wohlstand ein dankbar anzunehmendes Gut.

Hört und schärft es ein im Hause Jakobs –
Spruch des Herrn JHWH, des Gottes der Heer-
scharen:
Ja, am Tag, an dem ich heimsuche die Verbrechen
Israels an ihm,
da werde ich heimsuchen an den Altären von
Bet-El,
und die Hörner des Altares werden abgehauen
und zur Erde fallen.
Ich zerschlage das Winterhaus

zusammen mit dem Sommerhaus,
und zugrunde gehen die Häuser aus Elfenbein,
und zu Ende ist es mit den zahlreichen Häusern
– Spruch JHWHs. (Am 3,13-14)

Im Buch Amos werden unterschiedliche Bezeichnungen für Israel verwendet. Immer dort, wo die politische Größe angeredet wird, findet sich die Bezeichnung „Israel". In den Kapiteln 3 und 4 werden als Adressaten die „Söhne Israels" genannt, wodurch der Erwählungsgedanke Israels durch Gott mitschwingt, in den Kapiteln 5 und 6 das „Haus Israel", womit die politische Größe des Nordreichs gemeint ist. In deutlicher Absetzung davon ergeht nun eine Mahnung an das „Haus Jakob". Aus ihm soll sich die neue Gemeinde konstituieren, die aus dem Geschick von Bet-El gelernt hat. Bet-El steht – in dieser Leseauffassung – für die größtmögliche Sünde: Dort kommt es zu einem Verbot der prophetischen Rede und zur „Sünde Jerobeams", womit das Stierheiligtum für JHWH in Bet-El gemeint ist, wie es die Bücher der Könige beschreiben (1 Kön 12; 2 Kön 14).

Im drastischen Bildwort von den „Baschankühen" kommen die Frauen der Oberschicht an die Reihe:

Hört dieses Wort, ihr Baschankühe auf dem Berg
Samarias,
die die Geringen unterdrücken,
die die Armen misshandeln,

> *die zu ihren Herren sprechen:*
> *„Bring herbei, wir wollen trinken!" (Am 4,1)*

Der Baschan ist ein Landstrich östlich des Sees Gennesaret, der auch die Golanhöhen umgreift. Er war berühmt für gutes Mastvieh. Die überaus wohlgenährten vornehmen Frauen – hier mit gemästeten Kühen verglichen – verüben massiv Unrecht und geben sich Ess- und Trinkgelagen hin. Ihre „Herren", d. h. ihre Männer, sollen ihre Gier befriedigen – doch daraufhin wird der einzige wahre Herr einschreiten:

> *Geschworen hat der Herr JHWH bei seiner Heiligkeit:*
> *Ja, seht: Tage kommen über euch,*
> *da schleppt man euch fort an Fleischerhaken,*
> *und was von euch übrig bleibt, an Angelhaken.*
> *Durch Breschen werdet ihr herausgehen, eine jede an ihrer Stelle,*
> *und ihr werdet geworfen zum Hermon hin*
> *– Spruch JHWHs. (Am 4,2-3)*

Wenn Gott bei sich selbst schwört – eine Formel, die sich in der Zeit vor dem Exil innerbiblisch nur noch beim Propheten Jesaja finden lässt –, so ist der Ernst der Lage deutlich. Für das Volk Israel gibt es keine Umkehrmöglichkeit mehr, die Drohungen werden eintreten. Solange Israel im verheißenen Land wohnen kann, darf es in der Gegenwart seines Gottes leben. Dementsprechend ist ein mögliches Exil die Katastrophe schlechthin, weil damit alle Lebensgrundlagen und die Verheißungen ganz grundsätzlich in-frage gestellt werden. Die Grausamkeiten, die mit Deportationen verbunden sind, waren der damaligen Zeit nur allzu bekannt. Durch Lücken in der Mauer, den Breschen, werden eigentlich Leichen fortge-bracht. Bei einer Deportation geht es um Leben oder Tod, alles oder nichts.

> *Kommt nach Bet-El und übt Verbrechen,*
> *nach Gilgal und übt noch mehr Verbrechen!*
> *Bringt am Morgen eure Schlachtopfer dar,*
> *am dritten Tag euren Zehnten!*
> *Lasst in Rauch aufgehen vom Gesäuerten ein*
> *Dankopfer*
> *und ruft freiwillige Gaben aus, lasst es hören!*
> *Denn so liebt ihr es, Söhne Israels*
> *– Spruch des Herrn JHWH. (Am 4,4-5)*

Der Prophet schlüpft in die Rolle eines Priesters, der mit einem regelrecht liturgischen Aufruf zur Wall-fahrt einlädt – doch was für eine Wallfahrt! Das Hei-ligtum von Bet-El im Bergland wird auf Jakob zurück-geführt, dem im Traum an genau diesem Ort eine Gotteserfahrung zuteilwird (Gen 28,10-22). Das Hei-ligtum in Gilgal wurde von Josua begründet, der dort im Jordangraben nach dem Einzug ins verheißene Land ein Steindenkmal errichtet (Jos 4-5). Es steht für die Erfüllung der Landverheißung und wird unter Samuel und Saul zur wichtigen Kultstätte.

Das große Thema dieses Abschnitts im Buch Amos ist die Kritik am Kult. Die Ironie und Verfremdung liturgischer Sprache geht weiter, wenn sich in den Versen 4,6–13 eine sechsstrophige Bußliturgie anschließt. Der Rückblick auf das Unheilshandeln Gottes wird kehrversartig unterbrochen durch die Feststellung: „Aber ihr seid nicht zu mir zurückgekehrt – Spruch JHWHs."

Auf ein fünffaches Unheilshandeln Gottes wird zurückgeblickt, das er zur Strafe geschickt hat, um damit vielleicht doch noch eine Umkehr bei den Menschen zu bewirken. Getroffen ist das Unheil bisher auf den stets gleichbleibenden Starrsinn Israels, das eben nicht umgekehrt ist – trotz Hunger, Dürre, Missernten und Krieg. Vermutlich wird nicht auf konkrete historische Katastrophen angespielt, sondern auf eine beispielhafte Dreiheit von Plagen „Hunger, Schwert, Pest". Diese Trias zählen die Propheten Jesaja und Ezechiel als Strafen für Tora-Ungehorsam auf, auch das Heiligkeitsgesetz (Lev 26) und das deuteronomische Gesetz (Dtn 28) kennen sie.

Die in der sechsstrophigen Bußliturgie thematisierte Gottesbegegnung auf Leben und Tod ist die letzte Chance, um noch zu entrinnen. Die Rettung kann buchstäblich nur noch in letzter Minute erfolgen, das macht das Bildwort deutlich, das Israel einem dem Brand entrissenen Holzscheit vergleicht (4,11; vgl. Sach 3,2); die Dringlichkeit ist selbstredend. Doch auch hier folgt der Kehrvers: „Aber ihr seid nicht zu mir zurückgekehrt."

Daher richtet sich der Blick in die Zukunft und es folgt ein betontes „deshalb": „Deshalb will ich dir folgendermaßen tun, Israel!" (4,12). Jetzt ist es genug, jetzt wird Gott handeln. Was genau passieren wird, bleibt in der Schwebe. Israel soll sich bereit machen, seinem Gott zu begegnen.

Gottesbegegnung erinnert an die Situation des Volkes Israel am Sinai und die Angst davor, Gott von Angesicht zu Angesicht zu sehen, denn kein Mensch kann Gott sehen und am Leben bleiben (vgl. Ex 33,20). Gottes Herrlichkeit ist so mächtig, dass sie einen Menschen überwältigt und zu Boden wirft. Zwischen der Heiligkeit Gottes und der Unwürdigkeit des Menschen klafft ein solcher Abgrund, dass ein Mensch sterben müsste, wenn er Gott sähe.

Als Israel nach dem Zeugnis des Buches Exodus im dritten Monat nach dem Auszug aus Ägypten schließlich zum Gottesberg kommt (Ex 19,1-2), wird die eigentliche Gottesbegegnung sorgfältig vorbereitet. Mose steigt zu Gott hinauf und vernimmt dort die Stimme des Herrn. Das Volk soll ebenfalls die Worte des Herrn hören dürfen, auf dass sie Mose glauben. Hinaufsteigen aber wird nur Mose allein, um mit dem Herrn zu reden. Die Herrlichkeit des Herrn ist dabei durch eine Wolke verhüllt. Immer, wenn Mose mit Gott gesprochen hat, leuchtet sein Gesicht derart, dass er es verhüllen muss, und selbst dann ängstigt sein Anblick das Volk. Ähnliches erfahren die drei Jünger, die Jesus begleiten – Petrus, Jakobus und Johannes – nach der Verklärung Jesu (Mt 17,1-8). Beim

Damaskuserlebnis wird Saulus von der Gegenwart Gottes „umgehauen" (Apg 9,1-9). Eine Gottesbegegnung ist eine Frage auf Leben und Tod. Darauf soll Israel sich vorbereiten.

Mit einem Hymnus, der sich aus Schöpfungsaussagen speist, erreicht die aufgeladene Atmosphäre nach der massiven Strafandrohung und der Aufforderung, sich für die Begegnung mit Gott bereit zu machen, einen gewissen Ruhepunkt.

> *Denn siehe:*
> *Der Berge formt und Wind erschafft*
> *und der dem Menschen mitteilt,*
> *was sein Ratschluss ist,*
> *der Morgenröte zu Dunkelheit macht*
> *und der einherschreitet auf den Höhen der Erde:*
> *JHWH, Gott der Heerscharen, ist sein Name.*
> *(Am 4,13)*

Israel soll begreifen, wer sein Gegenüber ist. Der Hymnus spricht zwar in erster Linie von den Schöpfungstaten Gottes, der Berge und Wind gemacht hat, aber dem zweiten Blick erschließt sich, dass hier die Kultkritik der vorhergehenden Verse fortgesetzt wird: Die Sünden Israels gegen den wahren Gott werden auf den Kulthöhen Kanaans verübt. Doch es gibt nur einen, der auf den Höhen der Erde dahinschreitet – und Israel kennt seinen Namen.

So endet das Gotteswort der Kapitel 3–4. Von Kapitel 5 an ergreift Amos selbst das Wort: Mit einer Totenklage reagiert er auf das Unheilswort, das Gott gesprochen hat. Rechtsprechung, Gottesdienst und Regierung – alle drei Gewalten haben versagt. So ist das Haus Israel kein Haus des Lebens, sondern des Todes geworden, in dem die Totenklage angestimmt wird.

> *Hört dieses Wort,*
> *das ich über euch anstimme als Totenklage, Haus*
> *Israel:*
> *Gefallen ist, steht nicht mehr auf*
> *die Jungfrau Israel,*
> *liegt hingestreckt auf ihrem Boden,*
> *niemand hilft ihr auf.*
> *Denn so hat der Herr JHWH gesprochen:*
> *Die Stadt, die als Tausendschaft auszieht,*
> *behält hundert zurück,*
> *und die als Hundertschaft auszieht,*
> *behält zehn zurück für das Haus Israel.*
> *(Am 5,1-3)*

Es liegt eine ungeheure Provokation in diesem Klagelied, denn Israel, dem hier die Totenklage gesungen wird, befindet sich keineswegs in einem desolaten Zustand. Vielmehr herrschen Reichtum und Wohlleben vor, zumindest, was die Oberschicht betrifft. Doch deren Ohren gilt die Anklage. Unter der Herrschaft Jerobeams II. gelangt das Nordreich Israel zu einer letzten Blütezeit: Begünstigt durch eine zeitweilige Schwäche seiner Nachbarn sowie der Großmacht Assur, kann Jerobeam einige militärische Erfolge erringen und das Gebiet Israels stabilisieren. Handel und Bautätigkeit florieren infolgedessen, was insbesondere der Stadtbevölkerung zugutekommt. Zugleich verarmt die Landbevölkerung und gerät zusehends in Abhängigkeit. Israel wird als Jungfrau dargestellt, die in der Blüte ihres Lebens jäh herausgerissen wird. Im altorientalischen Umfeld Israels wurden große Städte gerne als Jungfrauen betrachtet, die gewählte Personifizierung dürfte die Zeitgenossen also nicht erstaunt haben. Das Thema einer Leichenklage allerdings ist neu.

Der gewaltsame Tod der „Jungfrau" wird mit Bildern des Krieges verbunden. Dabei ist das Spiel mit der „Dezimierung" besonders augenfällig, wird sonst bei Kampfhandlungen doch eher nur ein einziges Zehntel eingebüßt; hier jedoch bleiben am Schluss in Vers 3b noch genau zehn Mann übrig. Spätere Zeiten deuten dies gerne als eine eventuelle Anspielung auf die notwendige Größe, die im Judentum erforderlich ist, um einen ritusgerechten Gottesdienst zu feiern – mindestens zehn Männer (Minjan). Dann wäre Israel doch noch nicht ganz verloren, sondern könnte mit einem „heiligen Rest" zum wahren Gottesdienst zurückkehren und sich bekehren.

Und genau das ist Ziel des Abschnitts, denn es folgt eine ausführliche Mahnung, JHWH zu suchen:

Denn so hat JHWH gesprochen zum Haus Israel:
Sucht mich, dann werdet ihr leben!
Sucht nicht Bet-El
und nach Gilgal geht nicht
und nach Beerscheba zieht nicht hinüber,

denn Gilgal geht in die Verbannung,
und Bet-El wird zuschanden!
Sucht JHWH, dann werdet ihr leben,
damit das Haus Josef nicht wirksam wird wie
Feuer
und frisst und niemand für Bet-El löscht!
(Am 5,4-6)

Im direkten Kontrast zur Strafandrohung ergeht jetzt eine bedingte Heilszusage, die ebenfalls auf den Kult Bezug nimmt. Ist die Jungfrau Israel vielleicht doch noch zu retten?

In der stilisierten Totenklage in Amos 5,1-17 werden die beiden Heiligtümer Bet-El und Gilgal regelrecht verworfen. Israel soll Gott suchen und seinen Gottesdienst nicht von Kultorten abhängig machen. Bet-El beruft sich als Gründungslegende auf die Jakob-Tradition aus der Genesis, ist daher eines der wichtigsten Reichsheiligtümer, das Heiligtum in Gilgal entstammt der Landnahmetradition des Buches Josua. Beerscheba schließlich führt seine Tradition auf den Stammvater Isaak zurück. Diese Haftpunkte in der konkreten Geschichte werden sogleich wieder verlassen, wenn es zum hymnischen Lobgesang Gottes übergeht:

Der das Siebengestirn und den Orion machte
und der zum Morgen die Finsternis wandelt
und den Tag zur Nacht verfinstert,
der den Wassern des Meeres zuruft
und sie ausgießt auf das Antlitz der Erde

– JHWH ist sein Name.
Der Verderben über dem Starken aufblitzen lässt,
und Verderben bricht über die Festung herein.
(Am 5,8-9)

Gott selbst ist der Garant der kosmischen Ordnung;
er hält seiner Schöpfung die Treue und bekämpft daher das Böse. Dem Volk wird anhand exemplarischer
Vergehen seine Schuld vor Augen geführt:

Sie hassen im Tor den, der zurechtweist,
und den, der Rechtes spricht, verabscheuen sie.
Deshalb, weil ihr den Geringen mit Pachtzins be-
legt
und Kornabgabe von ihm nehmt:
Häuser aus Quaderstein habt ihr gebaut,
aber ihr werdet nicht darin wohnen.
Prächtige Weingärten habt ihr angepflanzt,
aber ihren Wein werdet ihr nicht trinken.
Denn ich habe eure zahlreichen Verbrechen
erkannt
und eure mächtigen Sünden.
Die den Gerechten bedrängen und Bestechung
annehmen,
strecken die Armen im Tor nieder.
Deshalb schweigt der Einsichtige zu jener Zeit,
denn es ist eine böse Zeit. (Am 5,10-13)

Erneut geht es um die Pervertierung der Rechtsprechung „im Tor". Die Gerichtsbarkeit wurde in den

überschaubar kleinen Städten durch die Sippenältesten ausgeübt. Am Morgen trafen sie sich am Stadttor, um dort Anliegen zu beraten und zu entscheiden. Israels Ideal einer solidarischen Lebensgemeinschaft von Menschen, über die allein der rettende Gott der Exoduserfahrung herrscht, steht und fällt mit diesen Idealen. Wo nicht mehr jeder Einzelne zu seinem Recht kommt, da steht Israels Existenz auf dem Spiel. Wenn etwa Bestechungsgelder bezahlt und auch akzeptiert werden, um den Ausgang von Rechtsstreitigkeiten zu beeinflussen, da hat nicht mehr jeder die gleiche Chance auf ein möglichst objektives Verfahren.

Gerade in den sozialkritischen Passagen kann man die drohenden Aussagen des Amos praktisch eins zu eins ins Heute übertragen. Bestechung war und ist an der Tagesordnung, damals wie heute bringt sie die Gerechtigkeit insgesamt zum Einsturz. – Das planende und egoistische Treiben der Mächtigeren wird allerdings vergeblich bleiben: Den Ertrag ihrer Mühen werden sie nicht genießen. Es gibt nur einen wahren Weg zum Leben – Gottes Weisungen zu befolgen!

Sucht Gutes und nicht Böses, damit ihr lebt
und JHWH, der Gott der Heerscharen, wirklich
mit euch ist,
wie ihr gesprochen habt!
Hasst Böses und liebt Gutes
und richtet im Tor das Recht auf,

> *vielleicht ist JHWH, der Gott der Heerscharen,*
> *dem Rest Josefs gnädig. (Am 5,14-15*

Das betonte „Vielleicht" der Heilszusage ist klassisch in vielen prophetischen Aussagen, denn eine Gewissheit über die Pläne Gottes kann es nicht geben: „Meine Wege sind nicht eure Wege" (Jes 55,8). Wenn hier vom „Rest Josefs" gesprochen wird, so handelt es sich um einen bewusst unpolitischen Begriff, der in Abgrenzung zum „Haus Israel" gesetzt wird. Der „heilige Rest" ist „das wahre Israel".

Die Komposition von Amos 5 hatte in den Versen 1-3 mit einer Totenklage begonnen, und so endet sie auch:

> *Deshalb – so hat JHWH, der Gott der Heerscha-*
> *ren, der Herr, gesprochen:*
> *Auf allen Plätzen Klage*
> *und in allen Gassen sprechen sie: Weh! Weh!*
> *Sie rufen den Landarbeiter zur Trauerfeier,*
> *zur Totenklage die Klagekundigen.*
> *In allen Weingärten Klage,*
> *denn ich schreite durch deine Mitte,*
> *hat JHWH gesprochen. (Am 5,16-17)*

Gottes Nähe ist tödlich – das ist unerwartet! Sonst fühlt Israel sich eher durch den Verlust der Gegenwart Gottes, durch seine Abwesenheit bedroht. Spürt man Gottes Anwesenheit nicht mehr, so erfleht man ein Ende dieses Zustands. Eindrucksvolles Beispiel hierfür sind etwa die sehnsüchtigen Bitten von Psalm

42, das Angesicht Gottes doch wieder schauen zu dürfen. Hier aber wird von Amos angekündigt, dass Gott selbst durch Israels Mitte schreitet – es ist ein Vorgang auf Leben und Tod.

Die beiden Erntegaben Wein und Öl krönen die Anstrengungen des landwirtschaftlichen Jahres. Weinlese und Ölfest sind Zeiten der Freude, der Feste und der Danksagung. Wein und Öl bedeuten das Leben Israels, weil das gute und fruchtbringende Land ihm von Gott geschenkt wurde. Und genau da, zum Zeitpunkt der größten Freude, wird JHWH hindurchschreiten und Israel wird klagen und schreien. Nicht die Abwesenheit Gottes, sondern sein Hindurchschreiten und damit gerade seine Anwesenheit tötet. JHWH selbst bringt den Tod über Israel, so wie er damals in der Pessachnacht durch Ägypten geschritten ist und die Erstgeburt Ägyptens tötete, um Israel zu befreien. Wenn Gott so handelt, ist das Ende gekommen für Israel – um daraus „vielleicht den Rest" zu retten (V. 15). An einem solchen Tag mit unzähligen Toten wird die Klage derart um sich greifen, dass die Zahl der Klageweiber bei Weitem nicht ausreichen wird, um alle Toten zu betrauern. Selbst Bauern werden hinzugerufen, um bei der Klage mitzuhelfen.

Weh denen, die sich den Tag JHWHs herbeiwünschen!
Was bedeutet euch denn „Tag JHWHs"?
Er ist Finsternis, nicht Licht.
Wie ein Mann vor einem Löwen flieht,

und ein Bär fällt ihn an,
er dann aber doch noch ins Haus entkommt
und sich mit seiner Hand an der Wand aufstützt
– da beißt ihn eine Schlange.
Ist nicht Finsternis der Tag JHWHs und nicht
Licht?
Dunkel und kein Glanz kommt ihm zu.
(Am 5,18-20)

Mit dem Abschnitt, der V. 18 beginnt, kommt zum ersten Mal innerhalb der Hebräischen Schrift der „Tag JHWHs" vor. Wenn Amos hier auf diesen Tag anspielt, so muss es im Hintergrund schon eine feste Vorstellung davon gegeben haben, was sich mit diesem Tag JHWHs alles verbindet, sonst wären die Fragen, die Amos seinen Zuhörern stellt, nicht sinnvoll. Allerdings: Etwas, das man sich herbeiwünscht, kann nichts Bedrohliches sein. Der Tag JHWHs muss eher als ein Heilstag herbeigehofft worden sein, die Vorstellung eines Gerichtstags passt nicht zu den Hoffnungen von Licht und Glanz. Im Vertrauen auf seine Vorrechte als auserwähltes Volk wird Israel vom Tag JHWHs Rettung und Hilfe erhofft haben, ein göttliches Eingreifen, das für Israel Gutes bedeutet. Das Motiv des Tages JHWHs erfährt im Laufe der Jahrhunderte gewisse Wandlungen: Während des Exils wird vom Tag JHWHs erhofft, dass der Zorn Gottes alle Feinde Israels treffen möge, nachexilisch wird der Tag JHWHs immer stärker als der Tag des alles unterscheidenden Gerichts verstanden. Die spätesten Ausläufer dieser Konzeption finden sich innerbiblisch in Mt 24, wo die angekündigte Zerstörung Jerusalems mit Wendungen beschrieben wird, die für die prophetische Rede vom Tag JHWHs charakteristisch sind.

Zum wiederholten Male prägt Amos so ein ursprünglich positiv verstandenes Bild um und trägt Züge des bedrohlichen Gerichts in die Konzeption vom „Tag JHWHs" ein. Wieder kommt mit beißender Schärfe die prägnante bilderreiche Sprache von Vergleichen aus der Tierwelt zum Zug. Da flieht einer vor dem Löwen und entrinnt, nur um vom Bär gepackt zu werden. Noch einmal entkommt er, rettet sich ins schützende Haus, stützt nach erlittener Anstrengung die Hand an der Mauer ab – da beißt ihn eine Schlange! (vgl. 5,19–20)

Auch wenn es für Israel die Erfahrung von früheren Rettungen gibt – denn so wird man das Bild deuten müssen –, garantieren diese keineswegs, dass es wieder zu einer Rettung kommen wird noch dass Israel verschont bliebe. Alles, was vorher war und worauf sich die Erfahrung beruft, das ist vorläufig und trügerisch.

Mit scharfer Kritik am Kult setzt sich die Gottesrede des fünften Kapitels des Amosbuchs fort. Der gesamte Kultbetrieb ist zu luxuriös geworden, es werden regelrecht „rauschende Gottesdienste" gefeiert. Die Liturgie dient so nicht länger dazu, dem lebendigen Gott zu begegnen, sie ist derart verfehlt, dass JHWH selbst den Kult durch sein Strafgericht beenden wird. Wurde im üblichen Opferbetrieb den Feiernden vom Priester zugesprochen, dass Gott die

Feste und Opfer „liebt" und sie ihm „wohlgefällig"
sind, so werden sie hier durch Gott selbst in seiner
Rede scharf zurückgewiesen:

> *Ich hasse, ich verwerfe eure Feste, ich kann eure*
> *Festversammlungen nicht riechen ... An euren*
> *Speiseopfern habe ich kein Gefallen ... und den*
> *Klang deiner Leiern will ich nicht hören.*
> *(Am 5,21-23)*

Die Kritik mündet in V. 24 in die Aufforderung, vor
allem anderen Recht und Gerechtigkeit zu üben, gerade vor einem oberflächlich gewordenen „Gottes-
dienstbetrieb".

> *Vielmehr soll Recht sich ergießen wie Wasser und*
> *Gerechtigkeit wie ein nie versiegender Bach. Habt*
> *ihr mir Schlachtopfer und Speiseopfer vierzig*
> *Jahre lang in der Wüste dargebracht, Haus*
> *Israel? (Am 5,24-25)*

Als Israel 40 Jahre lang durch die Wüste wanderte, da
erfuhr es sich in besonderer Weise als in Gottes Nähe
und unter seinem Schutz geborgen. In der Wüstenzeit wurden aber keinerlei Opfer dargebracht, die
gehören in die Zeit nach der Landnahme. Israel kann
ohne kultische Vollzüge sehr wohl Gottes Volk sein,
nicht aber ohne die Beachtung von Recht und Gerechtigkeit, nicht ohne die Sorge um die Schwächeren.

Mit weiteren Weherufen wendet Gott sich gegen
die Hauptstadt Samaria und deren Oberschicht.

Ihren Luxus möchten diese Reichen als Gottesgabe verstehen und merken gar nicht, wie weit sie sich von einem gottgefälligen Leben schon entfernt haben. Mit einem betont feierlichen Schwur kündigt JHWH die Zerstörung der Hauptstadt Samaria mitsamt ihren Palästen an. Er selbst ist in ihrer Mitte – zum Gericht.

Visionszyklus (Am 7–9)

Der dritte und letzte große Teil des Buches Amos (7–9) ist wiederum ein in Strophen gegliederter Zyklus, der fünf Visionsschilderungen des Amos enthält. Er stellt in gewisser Weise eine Parallele zum Völkerspruchzyklus der ersten beiden Kapitel dar.

Visionen bzw. Schauungen hatte nicht nur Amos, sondern auch andere Propheten, etwa Jesaja, Obadja oder Nahum. Oft werden diese Widerfahrnisse bereits im ersten Vers des betreffenden biblischen Buchs zeitlich und räumlich verortet. So beginnt etwa das Buch des Propheten Jesaja mit einer solchen ausführlichen Vorstellung:

> *Vision des Jesaja, des Sohnes des Amoz, über Juda und Jerusalem, die er zu der Zeit hatte, als Usija, Jotam, Ahas und Hiskija Könige von Juda waren. (Jes 1,1)*

Damit sind alle Worte seiner Rede als Vision gekennzeichnet.

Anders als bei manchen anderen Propheten erhält Amos aber nirgends einen eindeutigen Auftrag zur Verkündigung dessen, was er gesehen hat. Bei anderen Propheten gibt es ausdrückliche Sendungsaussagen: „und nun geh, ich sende dich." Mit diesem Auftrag überträgt der Herr dem Mose die Sendung, das

Volk aus Ägypten zu führen. Mit vergleichbaren Wendungen beglaubigt er weitere Propheten, so auch Jesaja (Jes 6). Im Buch Amos sucht man eine solche Beglaubigung und Sendung vergeblich. Einen leisen Anhaltspunkt liefert einzig der Ich-Bericht in Amos 7, wenn Amos selbst berichtet:

> *Und JHWH hat mich geholt hinter der Herde weg,*
> *und JHWH hat zu mir gesprochen: „Geh, tritt als*
> *Prophet hin vor mein Volk Israel!"* (Am 7,15)

Allerdings spricht aus dem ganzen Buch die Tatsache, dass Amos die Visionen empfängt, um zu verkündigen:

> *Ein Löwe hat gebrüllt, wer fürchtet sich nicht?*
> *Der Herr JHWH hat geredet, wer prophezeit*
> *nicht?* (Am 3,8)

Der Unterschied zwischen Hören und Sehen wird offensichtlich in der alttestamentlichen Prophetie gering eingeschätzt. Worte können ebenso geschaut wie gehört werden. Der erste Vers des ganzen Buchs Amos charakterisierte den Inhalt ja als „Worte, die Amos geschaut hat". Die Umstände werden dabei gar nicht näher befragt, sondern das Gewicht liegt ganz auf dem Inhalt der Botschaft und dessen Deutung. Dennoch mag der Unterschied hier größer und schwerer nachvollziehbar erscheinen, als er für das im Hintergrund stehende hebräische Wort ist. Mit „Wort, Sache, Ereignis" kann das hebräische *„dabar"* je nach Kontext wiedergegeben werden. Wie stets gehen bei der Übersetzung in eine andere Sprache wichtige Aspekte verloren. Es gibt im Deutschen keine Möglichkeit, diese Doppelgestaltigkeit von Wort und Ereignis bedeutungsgleich wiederzugeben. Mit der Wahl einer der beiden Alternativen fällt die Sinn-Nuance der jeweils anderen weg. Durch die häufigen Rede-Einleitungen der göttlichen Botschaft „So hat JHWH gesprochen" ist vermutlich die Übersetzung mit „Worte" im Deutschen vorzuziehen.

In insgesamt fünf Visionen darf Amos Gottes zukünftiges Handeln schauen. Mit dieser in kunstvoll gestalteten Strophen angelegten Komposition endet das Buch Amos. Die Platzierung der Visionen am Buchende ist eher ungewöhnlich, denn andere Prophetenbücher werden mit der Schilderung von erfahrenen Visionen eröffnet. So kennt es der mit biblischen Texten vertraute Leser von Jesaja, Jeremia, Ezechiel oder Sacharja. Mit zum Teil literarisch kunstvoll ausgestalteten Szenen der empfangenen Schauung werden die entsprechenden Prophetenbücher eröffnet, es geht gleichsam der himmlische Vorhang auf und lässt den Propheten und in seinem Gefolge den Leser die Szene schauen, die dann die Botschaft prägen wird. Mit den eröffnenden Visionen geht meist die eigentliche Berufung des Propheten einher. Häufig ist die erste Reaktion des jeweiligen Menschen, vor dem Auftrag zurückzuschrecken. Niemand, so wird deutlich, kann sich ernstlich darum reißen, von Gott zu einem solchen Auftrag ausersehen zu werden. Stehen diese Szenen von erster Vision und Prophetenberufung am Beginn eines Buches, so ist damit zugleich ein Verständnisschlüssel für alles Folgende mitgegeben – es geht wirklich um Gottes Wort und Zeichen.

Hier bei Amos aber bündelt sich alles Vorangegangene im grandios ausgestalteten Schlussteil. Fünf starke Bilder ziehen an Amos vorüber: Heuschrecken, Dürre, Zinnschwert, Erntekorb und Gott selbst auf dem Altar des Heiligtums. Mehrere Eigenarten kennzeichnen diese Visionen:

1. Amos ist Gottes unmittelbarer Partner, wird von ihm direkt angesprochen: „Da sprach JHWH zu mir: Was siehst du, Amos?" (7,8; vgl. 8,2). Es gibt keinen Deuteengel wie in den späten Visionen eines Sacharja oder Daniel, der das geheimnisvolle Geschehen auslegt. Amos muss mit den Worten selbst zurechtkommen, darf nicht auf eine Zwischeninstanz hoffen. Zugleich wird seine Stellung den Adressaten der Botschaft gegenüber dadurch deutlich aufgewertet.

2. Nirgends erhält Amos in den Visionen einen ausdrücklichen Auftrag zur Verkündigung. Vielmehr sind es ganz persönliche Erfahrungen, die ihm zuteilwerden, weniger Visionen der Berufung, die ein öffentliches Auftreten unmittelbar nach sich ziehen würden. Denn der Inhalt ergibt seine Verkündigung nicht direkt. In den Visionen wird beispielsweise nicht von der Schuld Israels

gesprochen – diese wird einfach durchgängig vorausgesetzt –, was eine Verkündigung ja motivieren würde.

3. Literarisch sind die ersten vier Visionen sehr bewusst und künstlerisch paarweise gestaltet: Mit einer identischen Formulierung wird die Rücknahme des Unheils in den ersten beiden Visionen durch den Herrn zugesichert: „Da reute es den Herrn und er sagte: Es soll nicht geschehen" (7,3.6). Gleichlautend wird dann genauso das Ende der Verschonung angekündigt: „Ich verschone es nicht noch einmal" (7,8; 8,2). Die jahreszeitlichen Anspielungen legen es nahe, dass Amos die Visionen je einzeln und im Abstand von teils Monaten geschaut hat. Jetzt im Rückblick sind sie miteinander dargestellt und sollen und wollen jeweils nur mit ihrem Pendant zusammen ausgelegt werden. Die Visionen stellen eine Geschehnisabfolge dar, die rückblickend wiedergegeben wird.

4. Mit der paarweisen Gestaltung der ersten vier Visionen wird im Text der Ton auf den entscheidenden Wendepunkt gelegt, der den prophetischen Einsatz des Amos von Grund auf veränderte. In den ersten beiden Visionen ist es ihm dank seiner Fürbitte noch möglich, Strafrücknahme oder Strafaufschub für Israel zu erwirken. Ab der dritten Vision ist ihm das versagt. Amos muss lernen, dass es ein Maß an Schuld Israels gibt, das dieser Geduld Gottes keinen Raum mehr lässt. Damit ändert sich auch die Funktion des Propheten ganz

grundlegend: Anfangs war er Mittler zwischen JHWH und Israel. Er kannte Gottes Pläne und konnte zugunsten Israels auf sie einwirken. Ab der dritten Vision wird seine Vollmacht umstürzend verändert: Amos wird die Möglichkeit zu weiterer Fürbitte genommen, das verkürzt seine Vollmacht. Sie wird verstärkt, indem Amos nun ganz auf die Seite JHWHs tritt, JHWH durch ihn spricht und das Wort des Amos künftig ganz unmittelbar Gottes Wort ist.

Von den paarweise gestalteten ersten vier Visionen, in denen Gott zunächst verschonend vorübergeht, um diese Milde dann zurückzunehmen, hebt sich die fünfte Vision nochmals ab, auf sie läuft die Endaussage des Buches zu.

Im Visionszyklus des Amosbuches lässt sich die Geburtsstunde der alttestamentlichen Gerichtsprophetie literarisch miterleben. Die Dynamik der Rolle des Amos in den Visionen zeigt das deutlich: In den ersten beiden Visionen kann Amos durch sein fürbittendes Gebet Gott dazu bewegen, die angedrohten Strafen nicht zu vollstrecken. Aber Amos muss lernen, dass das Maß der Schuld irgendwann so groß geworden ist, dass Gott sein Strafhandeln nicht mehr zurückhalten wird. Mit dieser Einsicht ändert sich auch Amos' Rolle: In den ersten beiden Visionen kommt ihm die Funktion des Mittlers und des Fürsprechers zu, er tritt bei Gott fürbittend zugunsten Israels ein. Ab der dritten Vision hat Amos keine Vollmacht zur Fürbitte mehr, wodurch er stärker auf die Seite Gottes tritt und dessen Botschaft an Israel übermittelt.

Das erste Prophetenverständnis, also die Rolle des Mittlers und Fürsprechers, war dem Volk die geläufige. Das zweite war völlig neu, es hängt mit der harten Ansage des „Endes Israels" zusammen. Es ist wohl nicht zufällig, dass alle Visionen ab der dritten lange Kommentare erhalten haben, die ersten beiden aber einer solchen Auslegung nicht bedurften.

Die Aufzeichnung der Visionen macht den Lesern deutlich, wie Amos vom Boten der göttlichen Geduld zum Boten des unerbittlichen göttlichen Gerichts wurde. Sie dienen der Legitimation der prophetischen Gerichtsbotschaft gegen Israel. Amos hat sich wirklich nicht danach gesehnt, diese harte Funktion ausfüllen zu müssen.

Noch einmal wird unterstrichen: Israel ist nicht schon dann verloren, wenn es Schuld auf sich lädt, sondern erst dann, wenn Gott seine Propheten daran hindert, mit der Macht ihrer Fürbitte gegen den Vernichtungsplan Gottes zu kämpfen.

Erste Vision:

> *Solches hat der Herr JHWH mich sehen lassen:*
> *Siehe, da war einer, der einen Heuschrecken-*
> *schwarm formte,*
> *als die Spätsaat zu wachsen begann.*
> *Und siehe: Die Spätsaat ist nach dem Schnitt des*
> *Königs.*
> *Und als er die Pflanzen des Landes vollständig*
> *auffressen wollte,*
> *da sprach ich: Mein Herr JHWH, verzeih doch!*

Wie soll Jakob bestehen?
Er ist doch so klein!
Daraufhin reute es JHWH:
„Es soll nicht geschehen", sprach JHWH.
(Am 7,1-3)

Zweite Vision:

Solches hat der Herr JHWH mich sehen lassen:
Siehe, da rief jemand einen Angriff mit Feuer her-
bei, mein Herr JHWH,
und es fraß die große Urflut.
Und als es das Ackerland fressen wollte,
da sprach ich: Mein Herr JHWH, hör doch auf!
Wie soll Jakob bestehen?
Er ist doch so klein!
Daraufhin reute es JHWH:
„Auch das soll nicht geschehen",
sprach der Herr JHWH. (Am 7,4-6)

Die beiden Visionen sind parallel aufgebaut, bis hinein in eine relativ große Schnittmenge der verwen-
deten Wörter. Gott ist der Initiator des geschauten
Unheiles, welches variiert. Ist es beim ersten Mal ein
großer Heuschreckenschwarm, der die gesamte Ernte aufzufressen droht, so handelt es sich beim zweiten Bild um die Bedrohung durch verheerendes Feuer, dem das Ackerland zum Fraß fallen soll. Mit der
Vernichtung von Ernte und Ackerboden würde dem
Volk die Lebensgrundlage entzogen. Die Fürbitte
des Amos und die Antwort Gottes sind jedes Mal

gleichlautend. Gott zeigt anthropomorphe, also dem Menschen ähnliche Züge: Sein Wort ist nicht unumstößlich, sondern kann auf die Fürsprache des Propheten hin abgewendet werden. Weil Gott Jakob liebt, lässt er sich erweichen und verzichtet auf eine Strafe, die eigentlich durchaus angemessen wäre. Mit Jakob ist die ganz auf Gott bezogene Größe, nicht etwa die Staatsform Israel gemeint. Amos hat nicht deshalb Erfolg mit seiner Fürbitte, weil er an Gottes Gerechtigkeit appelliert, sondern weil er ihn an seine Liebe zu Jakob und seine Sorge für den, der „doch noch so klein ist", erinnert. In der ersten Vision bittet er Gott um Verzeihung: „verzeih doch", in der zweiten Vision um ein Ende des drohenden Strafgerichts: „hör doch auf".

Entstehungsgeschichtlich macht die Abfolge der Visionen in den letzten drei Kapiteln des Buches deutlich, wie Amos vom Boten der göttlichen Geduld (Visionen 1 und 2) zum Boten des unerbittlichen göttlichen Gerichts wird (Visionen 3 und 4, Ende der fürbittenden Einsprache). Das hat Amos sich nicht selbst ausgesucht. Die Visionen legitimieren seine Gerichtsprophetie.

Dritte Vision:

Solches hat er mich sehen lassen:
Siehe, der Herr stand auf einer Mauer aus Zinn,
und in seiner Hand war Zinn.
Da sprach JHWH zu mir: Was siehst du, Amos?
Ich antwortete: Zinn.

> *Da sprach der Herr: Siehe, Zinn bringe ich mitten*
> *in mein Volk Israel,*
> *ich werde nicht länger an ihm vorübergehen.*
> *Und veröden werden die Kulthöhen Isaaks,*
> *und die Heiligtümer Israels werden zertrüm-*
> *mert,*
> *und gegen das Haus Jerobeam werde ich auftre-*
> *ten mit dem Schwert. (Am 7,7-9)*

Im Alten Orient sind Bilder von Gottheiten, die auf den Mauern einer Stadt stehen, um sie so zu beschützen, nicht selten. Diese Assoziation einer durch JHWH geschützten Stadt schwenkt über in ein Bild des Krieges, in welchem Gott selbst der Angreifer ist. Die „Mauer aus Zinn" ist Sinnbild ihrer Uneinnehmbarkeit; eine solche Stadt wird nicht so schnell durch Feinde von außen überrannt. Doch anstelle die Stadt nun nach außen zu verteidigen, wie es die vornehmste Aufgabe ihres Schutzgottes wäre, wendet sich der Herr, „Zinn" in der Hand, mit vernichtendem Schwert nach innen. Diese Gottesbegegnung zieht den Tod nach sich; JHWH selbst greift seine eigene Stadt an und droht sie zu vernichten.

Fremdbericht: Amos und Amazja

Bevor mit der vierten und dann einer fünften und letzten Vision das Amosbuch seinem Ende entgegensteuert, gewährt der Prophet Einblick in eine der dramatischsten Situationen seiner Verkündigung. Seine Botschaft kann nicht ohne Widerstand bleiben. Bei der Erzählung über den Konflikt zwischen Amos und dem Priester Amazja, dem sogenannten Fremdbericht, handelt es sich um die einzige Erzählung über den Propheten selbst. Sie setzt im Hebräischen wie im Deutschen völlig unvermittelt und überraschend ein. Sie unterbricht den Visionszyklus zwischen der dritten und vierten Vision und wirkt an dieser Stelle wie ein Fremdkörper im Text. Könnte sie aus einem größeren Erzählzusammenhang stammen, der verloren gegangen ist? Oft gab es den Versuch, die Szene biografisch zu deuten. Leider gibt der kurze Bericht aber nicht einmal Auskunft darüber, wie die Begegnung eigentlich ausgegangen ist.

Der Priester des Staatsheiligtums Bet-El meldet seinem Vorgesetzten, dem König Jerobeam von Israel, pflichtgemäß, dass es Aufruhr gibt im Hause Israel. Weil die Worte des Amos, der dem König einen gewaltsamen Tod und dem Volk die Verbannung vorhersagt, in Bet-El nicht geduldet werden können, legt Amazja dem Amos die Flucht ins Land Juda nahe.

Nur wenige Möglichkeiten sind als Folge des Auseinandersetzung denkbar: Amos könnte tatsächlich selbst ins Südreich zurückgekehrt sein oder er wurde gewaltsam dorthin deportiert oder aber seine Spur verliert sich aus anderen Gründen. Eine spätere christliche Prophetenlegende weiß gar über ihn zu berichten, dass er in Bet-El den Märtyrertod erlitten hat. Der Ausgang der kurzen Szene wird gleichwohl nicht geschildert. Ebenfalls bleibt offen, ob Amos schon öfter in Bet-El verkündigt hat. Interessant zu erfahren wäre außerdem, wie der König auf die Meldung Amazjas reagiert, doch auch hier sucht man noch den leisesten Hinweis vergeblich.

Dennoch ist dieser kurze Text deutlich mehr als ein Fragment, das mehr oder weniger zufällig an seinen jetzigen Ort zu stehen gekommen ist. Im hebräischen Originaltext wesentlich auffälliger als in der deutschen Übersetzung ist die Verzahnung durch wichtige Stichworte aus den umgebenden Kapiteln. Der letzte Vers der dritten Vision (7,9) bildet einen regelrechten Überleitungs- oder Scharniervers durch die Themen Heiligtum, Schwert und das Haus Jerobeam, die im Fremdbericht in den Versen 13 und 11 wieder genannt werden:

> *Isaaks Kulthöhen werden verwüstet und Israels Heiligtümer zerstört; mit dem Schwert erhebe ich mich gegen das Haus Jerobeam. (Am 7,9)*

In den Versen 7,10-13 kommt Amazja, in den Versen 7,14-17 dann Amos zu Wort. Es geht weniger um die Auseinandersetzung zwischen diesen beiden Personen, sondern darum, wie sie in Bezug auf diejenige Autorität, in deren Namen sie handeln, dargestellt werden – Amazja in Bezug auf Jerobeam, Amos in Bezug auf JHWH. Amazja muss zunächst seinem Oberherrn Nachricht geben, bevor er zu Amos spricht (Vers 10/11). Auch Amos stellt sich erst in Bezug auf JHWH dar, bevor er sich an den Priester wendet (Verse 14/15). Beide zitieren zunächst, bevor sie selbst

reden, Amazja den Gegner (Vers 11) und Amos JHWH
(Vers 15). Die auf den ersten Blick harmlos wirkende
Szene ist alles andere als banal, denn Amos und
Amazja sind Repräsentanten, in denen sich staatliche
und göttliche Gewalt klar gegenüberstehen. Beide zi-
tieren jeweils vor ihrem Oberherrn den Gesprächs-
partner (V. 11/16). Diese stilistischen Kunstgriffe des
Erzählers machen von Anfang an klar, dass sich im
Priester Amazja und im Propheten Amos staatliches
Interesse und göttlicher Wille gegenüberstehen.

> *Da sandte Amazja, der Priester von Bet-El,*
> *zu Jerobeam, dem König von Israel, folgende*
> *Nachricht:*
> *Verschworen hat sich gegen dich Amos mitten im*
> *Hause Israel.*
> *Nicht mehr kann das Land*
> *all seine Worte ertragen.*
> *Denn so hat Amos gesprochen:*
> *„Durch das Schwert stirbt Jerobeam,*
> *und Israel wird verschleppt, verschleppt von sei-*
> *nem Erdboden weg." (Am 7,10-11)*

Die Unerträglichkeit der Situation ist klar, ein politi-
scher Umsturz droht. Amazja handelt ganz staats-
männisch, denn eine Verschwörung ist ein Ding der
Unmöglichkeit. Daher sendet er Nachricht an den
König, damit dieser eingreife.

> *Und Amazja sprach zu Amos:*
> *„Seher, geh, flüchte dich in das Land Juda*

und iss dort Brot
und tritt dort als Prophet auf!
In Bet-El aber tritt nicht noch einmal als Prophet
auf,
denn ein Heiligtum des Königs ist dies,
und ein Haus (bzw. Tempel) des Königtums ist
dies!" (Am 7,12-13)

Wenn Amazja dem Amos die Flucht befiehlt, so geht es dem Priester nicht in erster Linie um die Bestrafung des Amos, sondern um die politische Ruhe im Reich und besonders am Reichsheiligtum. Sein Bestreben geht dahin, die heikle Situation zu beenden, nicht unbedingt, Sanktionen zu verhängen, weshalb die Flucht des von ihm als Prophet bezeichneten Amos aus dem Land schon genügen würde. Daraufhin entgegnet Amos mit der schon bekannten Wendung, dass er kein berufsmäßiger Prophet sei und dass er sich dem Anruf Gottes keinesfalls verschließen könne. Wesentlicher als das Bestreben, seine wirtschaftliche Unabhängigkeit klarzustellen, ist ihm die Betonung, aus welcher Autorität heraus er prophetisch auftritt: „Nicht ich …, sondern JHWH." Hier wird der Konflikt ausdrücklich auf die Ebene gehoben, auf die er gehört. Nicht Amos und Amazja stehen einander gegenüber, sondern Jerobeam II., der den Staat verkörpert, und Gott selbst. Amos hat sich seine Tätigkeit nicht gewünscht – und genauso wenig kann er den Ort seines Auftretens bestimmen. Faktisch versucht der Priester mit der Ausweisung des Amos, Gott selbst das Reden und Handeln an seinem Volk zu verbieten. Die beiden Befehlssätze, die sich an Amos richten, machen diesen Kontrast deutlich: „Auf, flüchte dich" (V. 12) – „auf, sprich als Prophet" (V. 15).

Dem Amazja droht Amos Schlimmes an: Am Priester wird exemplarisch das Geschick des Volkes deutlich – Unheil ereilt ihn, bis er schließlich auf fremdem Boden sterben muss. Dabei steigern sich die Ansagen des Unheils, deren Motive teilweise auch sonst aus der altorientalischen Fluchtradition bekannt sind. Seine Frau wird öffentlich in Schmach fallen, seine Kinder (und damit seine Zukunft) werden einen gewaltsamen Tod erleiden, mit dem Verlust des eigenen Grundbesitzes deutet sich schon das Geschick der Verbannung an, schließlich wird der Priester auf unreinem Boden sterben, im Land der Gottesferne, in dem es keine Möglichkeit zu kultischem Gotteskontakt gibt. Eine schlimmere Strafe kann man dem Priester von Bet-El vermutlich nicht weissagen. Am Priester wird das Geschick des ganzen Volkes sichtbar. Das Gottesvolk wäre längst schon untergegangen, wenn es keine Propheten gehabt hätte.

Die Erzählung unterbricht die Visionen nicht zufällig und ungeschickterweise, sondern sie steht dort, weil sie nachgeborenen Lesern die Begründung liefern will, warum die Fürbitte des Amos, die er in den ersten beiden Visionen erfolgreich ausgeübt hatte, seit der dritten Vision verstummt ist und der Prophet Gott nicht mehr von seinem Unheilshandeln abzubringen vermag.

Vierte Vision:

> *Solches hat der Herr JHWH mich sehen lassen:*
> *Siehe, ein Korb mit reifem Obst.*
> *Und er sprach: Was siehst du, Amos?*
> *Ich antwortete: Einen Korb mit reifem Obst.*
> *Und JHWH sprach zu mir:*
> *Gekommen ist das Ende zu meinem Volk Israel.*
> *Ich werde nicht noch einmal an ihm vorüber-*
> *gehen.*
> *Dann heulen die Sängerinnen des Palastes.*
> *An jenem Tag*
> *– Spruch des Herrn JHWH –*
> *gibt es viele Leichen,*
> *überall wirft man sie hin. Still! (Am 8,1-3)*

Im Hintergrund des Bildes vom Erntekorb in der vierten Vision steht ein hebräisches Wortspiel zwischen
qajiz (Sommerobst) und *qez* (Ende). Dadurch kommt
eine Zweideutigkeit in das eigentlich positive Bild:
Ein gefüllter Obstkorb steht für eine reiche Ernte und
damit eine Zeit der Freude. Doch ist die Zeit der Ernte
immer auch die einer Bilanz. In der Prophetie ist
die Ernte häufig ein Symbol für das Gericht. Das
Gottesvolk ist reif zur Ernte, reif dafür, zur Rechen-
schaft gezogen zu werden, und somit in letzter Konsequenz auch reif zur Vernichtung.

Es wäre vorstellbar, dass mit dieser vierten Vision
das ganze Buch endete. Eine inhaltliche Steigerung
ist nach dem Erntebild nicht mehr möglich. Mit der
fünften Vision, die dennoch folgt, wird die kosmische

Dimension des ganzen Geschehens entfaltet. Es geht damit nicht mehr nur um die Härte, sondern auch um die Reichweite des Gerichts. Die abweichende formale Gestaltung der fünften Vision fällt deutlich auf, sie lehnt sich in der Gestaltung nicht so eng an die vorhergehenden an, wie dies für die ersten vier Visionen stimmt. Nicht einmal durch markante Wiederaufnahmen von wichtigen Leitwörtern wird die Verbindung hergestellt. Die fünfte Vision kann eher als Fortschreibung denn als Höhepunkt des Visionszyklus verstanden werden.

Amos 7,1–9,15, die ganzen letzten drei Kapitel des Buchs, bieten eine subtile Reflexion über die Bedingungen der Reue Gottes und die Möglichkeit der Umkehr Israels. Die Nennung des Namens „Jakob" ruft Gottes Mitleid wach und hält das Strafgericht auf – es gibt noch Hoffnung. Und wahrscheinlich ist diese theologische Reflexion der Schlusskapitel der Grund, wieso Amos Eingang gefunden hat ins Zwölfprophetenbuch.

Die Verse 8,4-14 wollen die harte kurze enigmatische Ansage der vierten Vision erklären, rechtfertigen und weiter ausführen: „gekommen ist das Ende für mein Volk Israel."

In starker Raffung wird Israel erneut seine Schuld vor Augen gestellt. Dabei werden voranstehende Amosworte zitiert und häufig über ihren ersten Sinn hinaus weitergedacht. Das Ende wird bildreich beschrieben. Dieser Abschnitt ist von einer Fülle gliedernder Rahmenformeln geprägt, die in den vorangehenden Kapiteln deutlich sparsamer verwendet werden. Vermutlich handelt es sich daher um ein späater eingefügtes Teilstück. Tendenziell gebraucht die frühe Prophetie Formeln seltener, die Spätzeit aber immer häufiger. Im Einzelnen fällt auf: Die erweiterte Gottesspruchformel (Spruch des Herrn JHWH) kommt im ganzen übrigen Amosbuch nur zweimal vor, hier in diesem Abschnitt aber gleich dreimal (V. 3.9.11). Ähnlich verhält es sich mit der Rahmenformel „An jenem Tag", die ebenso sonst insgesamt nur zweimal, hier aber gleich dreimal zu finden ist.

Die Wendung „seht, es kommen Tage" ist beim Propheten Jeremia beheimatet und wird dort insgesamt viermal verwendet (Jer 23,5; 49,2; 51,47.52). In Amos 8,11 und 9,13 leitet sie Heilsaussagen ein. In den vorderen Kapiteln des Buchs sucht man die Wendung vergeblich.

Im Unterschied zu allen anderen anklagenden Texten des Amosbuches werden in 8,4-6 nicht primär handfeste Taten der Schuldigen genannt, sondern Pläne und geheimste Absichten. Völlig neu ist das Thema des Betrugs beim Handel bzw. bei der Darlehensgabe. Die Verfälschung der Waage ist ein traditionelles weisheitliches Thema („Falsche Waage ist dem Herrn ein Gräuel, volles Gewicht findet sein Gefallen", Spr 11,1); hier werden umfassend die möglichen Varianten dieser Betrugsform genannt: das Maß kleiner machen, den Preis erhöhen, die Gewichte fälschen. Dennoch scheint der Abschnitt nicht einfach nur den Betrug beim Handel anzuprangern, sondern eine ganz andere Absicht, bei der die falsche Waage sozusagen als Vorspiel zur Beseitigung der Bedürftigen benutzt wird. Gerieten Menschen in die Lage, sich Korn mangels anderer Möglichkeiten borgen zu müssen, so hatten sie dafür ein Pfand zu hinterlegen, das bei Rückzahlung ausgelöst wurde. Wird nun bei Darlehensgabe ein kleineres Maß verwendet als zum Zeitpunkt der Rückzahlung, so vermochte das den Schuldner, der nicht so viel aufbringen konnte, in ernste Bedrängnis zu bringen. Die so wirtschaftlich Ruinierten werden bei ganz geringer Zahlungsunfähigkeit (ein paar Sandalen, die eventuell das Pfand waren) in Abhängigkeit zu den Händlern geraten. Der Text gewährt so Einblick in die eigentliche Zielabsicht der Beschuldigten: Alles läuft auf die planmäßige Vernichtung der selbstständigen Existenz von kleinen Bauern und Handwerkern hinaus. Die Mittel zur Existenzvernichtung werden mit Vers 5 ans Licht gebracht. Doch damit nicht genug, selbst der durch Gottes Schöpfungswerk begründete Rhythmus von Arbeit und Ruhe steht den Plänen im Weg. Den gierigen Händlern entgeht mit dem Sabbat jede Woche ein voller Tag zur Gewinnmaximierung. Die gebotene Feiertagsheiligung behindert den Handel!

Vielleicht erschrickt man ob der Aktualität dieses Themas. Die Debatte um die Ladenöffnungszeiten an Sonn- und Feiertagen, die in schöner Regelmäßigkeit in unseren Tagen immer wieder aufbricht, muss stets neu die Interessen des Handels gegen die gesellschaftlich sinnvolle Institution eines Ruhetags (unabhängig vom Gottesdienstbesuch) sowie der berechtigten Interessen der Angestellten, die dann arbeiten müssten, verteidigen.

Durch eine planmäßige, mehrstufige Strategie werden Menschen verzweckt und zur Ware – diese Zuspitzung erfährt das Thema in Abweichung zu Am 2, wo die Schuldknechtschaft unter den Anklagepunkten bereits vorgekommen war.

Dieses Unrecht schreit zum Himmel:

Geschworen hat JHWH beim Stolz Jakobs: Niemals werde ich vergessen all ihre Werke. (Am 8,7)

Der Gottesschwur verstärkt das Gewicht der Schuld; die Schuld ist vor Gott präsent und er wendet sie auf den Täter zurück. Der folgende Vers (8,8) verlässt die Gottesrede, leitet sozusagen als Brückenvers zur kosmischen Perspektive über. Die Schuld, die Israel auf sich lädt, ist so groß, dass sie sich bis in den Bereich der Natur hin auswirkt. Wenn die Natur trauert und daher vertrocknet, versagt sie dem Menschen die Segenskräfte. Sie wird in ihren Grundfesten erschüttert und bebt – das Erdbeben, das schon die Buchüberschrift in Am 1,1 nannte, wird spätestens hier als kosmisches Ereignis gedeutet. Inmitten einer solchen kosmischen Katastrophe bricht Trauer aus. Auch dieses Thema ist nicht neu, wurde doch der Jungfrau Israel bereits die Totenklage gesungen. Mit der Wiederaufnahme erfährt die Klage aber eine Steigerung in den persönlichen Bereich hinein, sie nimmt die Dimension der Klage um das einzige Kind an.

Dort, wo kein Stein auf dem anderen bleibt, ist das Volk seines Tempels beraubt und deshalb ohne prophetisches Wort und ohne Gotteskontakt. Nur ein einziger Hunger kann diesen Zustand stillen, der neuerliche und echte Hunger nach Gottes Wort. Aus sich selbst heraus kann der Mensch diesen Zustand nicht erreichen, Gott selbst muss diese Hungersnot ins Land schicken. Er selbst schenkt die Erkenntnis, dass der Mensch nicht nur von Brot lebt, sondern von allem, was der Mund des Herrn spricht (vgl. Dtn 8,3).

Fünfte Vision:

> *Ich sah den Herrn auf dem Altar stehen, und er*
> *sprach:*
> *Zerschlag den Knauf der Säule, sodass die*
> *Schwellen erbeben,*
> *und zerschmettere allen den Kopf.*
> *Ihren Rest werde ich mit dem Schwert töten.*
> *Nicht flüchtet von ihnen ein Flüchtling,*
> *und nicht rettet sich von ihnen ein Entronnener.*
> *(Am 9,1)*

Mit der fünften und letzten Vision erreicht die Dramaturgie des ganzen Zyklus ihren Höhepunkt: Amos sieht nicht mehr irgendetwas, sondern Gott selbst auf dem Altar. Das Heiligtum ist ja der bevorzugte Ort, um Gottes Gegenwart zu finden. Doch hier geht es um alles andere als um heilvolle Gegenwart. Gott selbst befiehlt, das Heiligtum zu zerstören. Das, worauf Gott steht, hat keinen Bestand mehr – Gott selbst zerschlägt das Gottesverhältnis. Wenn Altar oder Tempel zerschlagen werden, so ist das ein Zeichen der absoluten Bedrohung und hat kosmische Dimension: Die Menschheit ist verloren, weil der Ort der Gottesbegegnung zerstört wird. Wenn Tempel und Altar kurz und klein geschlagen werden, dann bedeutet dies das Ende aller Gotteskontakte. Dennoch ist die Welt nicht einfach ohne Gott, sondern sie wandelt sich in eine Welt voll unheilvoller Gegenwart Gottes!

Vergeblich wäre es, diesem Geschehen Einhalt zu gebieten, und so findet sich auch kein fürsprechender Amos mehr. Bei allem Unheil, das Amos vorher sehen musste, fand er den Mut, Gott zugunsten Jakobs um Gnade zu bitten, nun ist seine Fürsprache endgültig verstummt. Was sollte er angesichts der massiven Drohungen auch noch vorbringen?

Wenn sie in die Unterwelt einbrechen,
holt meine Hand sie von dort weg.
Und wenn sie hinaufsteigen zum Himmel,
hole ich sie von dort herunter.
Und wenn sie sich auf dem Gipfel des Karmel
verstecken,
spüre ich (sie dort) auf und hole sie von dort weg.
Und wenn sie sich vor meinen Augen auf dem
Grund des Meeres verbergen,
befehle ich dort der Schlange, sie zu beißen.
Und wenn sie vor ihren Feinden her in die
Gefangenschaft ziehen,
befehle ich dort dem Schwert, sie zu töten.
Ich will mein Auge auf sie richten
zum Bösen und nicht zum Guten. (Am 9,2-4)

Nach dieser regelrecht all-umfassenden Aufzählung
ist klar, dass es kein Entrinnen gibt. Alle Fluchtwege
sind verschlossen. Keiner der kosmischen oder geo-
grafischen Räume bietet Zuflucht vor dem Zugriff
Gottes. Es sind Verse, die schaudern lassen. Kein
Mensch mag sich ernstlich vorstellen, was es bedeutet, wenn die Augen Gottes zum Bösen auf die Menschen gerichtet sind. Die Auswirkungen sind derart,
dass der Gedanke gar nicht erst Gestalt annehmen
darf. Gern und häufig wird die Erfahrung von Gottes
Gegenwart beschworen, um Heimat und Geborgenheit zu finden. Wie sehr ängstigt da das Gegenteil,
wenn alle nur erdenklichen Räume über und unter
der Erde diese Geborgenheit gerade verweigern. Es ist
die konsequente Ausformulierung des Gedankens,
dass Gott in seiner Allmacht wirklich alles bewirkt.
Auch der Amostext wechselt die Perspektive. Er verlässt die Gottesrede, die kaum länger zu ertragen
wäre. In hymnischer Sprache wird der Urheber all
dessen besungen, es ist der Herr der Heerscharen,
seinen Namen kennt Israel:

> *Der Herr JHWH der Heerscharen ist es,*
> *der die Erde anrührt, sodass sie wankt*
> *und alle Bewohner auf ihr trauern,*
> *sich hebt wie der Nil insgesamt*
> *und sich senkt wie der Strom Ägyptens.*
> *Der im Himmel seine Gemächer baut*
> *und sein Gewölbe auf der Erde gründet,*
> *der die Wasser des Meeres ruft*

und sie ausgießt auf das Antlitz der Erde –
JHWH ist sein Name. (Am 9,5-6)

Kann das harte Wort des Amos vom Ende Israels unwiderruflich Geltung beanspruchen?

Die letzten Verse des Buches (Amos 9,7-15) sind ein eigener, vermutlich später hinzugefügter Teil. Sie nehmen Andeutungen aus früheren Versen des Buches auf, die Hoffnung für Israel auch in der Zukunft sehen. Der ganze letzte Teil spricht von einer möglichen Wende zum Heil.

Diese Hoffnungsaussagen öffnen das Amosbuch wieder, das mit der harten Gerichtsankündigung über Israel zu enden drohte. Bevor der zerfallenen Hütte Davids das Heil abschließend verheißen wird, steht eine Reihe rhetorischer Fragen. Israel und seine ganz besondere Beziehung zu Gott wird mit derjenigen der anderen Völker verglichen, um seine Sonderstellung zu betonen. Das Gericht scheint nicht mehr zwangsläufig und unausweichlich zu sein, wird die unbedingte Gültigkeit doch bereits zurückgenommen.

Seid ihr nicht wie die Kuschiten für mich, Söhne
Israels?
– Spruch JHWHs.
Habe ich Israel nicht aus dem Lande Ägypten
heraufgeführt
und die Philister aus Kaftor und Aram aus Kir?
Seht, die Augen des Herrn JHWH sind gerichtet

auf das sündige Königtum.
Ich werde es vernichten
vom Angesicht des Erdbodens weg.
Jedoch will ich das Haus Jakob nicht unbedingt
vernichten
– Spruch JHWHs.
Denn seht, ich befehle
und lasse schütteln unter allen Völkern das Haus
Israel,
wie man schüttelt mit einem Sieb,
 und kein Steinchen fällt zur Erde.
Durch das Schwert werden sterben
alle Sünder meines Volkes,
die da sagen: „Nicht führst du herbei
und bringst an uns heran das Unglück."
(Am 9,7-10)

Mit diesen Aussagen wird das harte Gerichtsszenario relativiert: Die Ankündigung des Amos gilt, aber nicht für alle. Die Augen des Herrn sind auf die „Sündigen", das sündige Königtum, gerichtet. Dieses ist nicht deckungsgleich mit dem Haus Jakob. Die politische Größe soll vernichtet werden, der erwählte Rest aber, das Haus Jakob, bleibt bestehen. Wenn Israel unter allen Völkern „geschüttelt" wird, so kann darin unschwer eine Anspielung auf das Exil gesehen werden.

In vielen biblischen Texten ist die Vorstellung anzutreffen, dass die harte Erfahrung des Exils der Reinigung des Volkes Gottes diente. Erst wenn Israel das Exil als Strafe für seinen Ungehorsam erleidet und diese Heimsuchung dann auch als begründet annehmen kann, kommt es zur Besinnung. Die Erfahrung des Exils bewirkt die Umkehr des Volkes. Gott liebt das Volk Israel in ganz besonderer Weise. Mit ihm ist Gott eine besondere Beziehung eingegangen, die seine Sorge für die anderen Nationen bei Weitem übertrifft. So besteht die eigentliche Sünde, die hier angeprangert wird, auch nicht in der Übertretung einzelner Gebote. Die Sünde besteht genau darin, anzunehmen, Gott werde kein Unheil herbeiführen. Doch – das wird er! Kein Mensch darf sich rühmen, Gottes Gedanken zu kennen und zu wissen, was er tun wird. Israel darf sich nicht darauf verlassen, ihm werde schon nichts passieren. Die Auserwählung ist nicht nur Privileg, sondern auch Verpflichtung. Wenn Israel seinen Gott und die von ihm gegebene Lebensordnung vergisst, dann bleibt das keinesfalls folgenlos. Vermutlich blickt der letzte Teil des Buches Amos auf die Erfahrung des Exils zurück. Israel musste einsehen, dass es aufgrund seiner ganzen sündigen Geschichte nicht ungeschoren davonkommen konnte. Doch ist die Geschichte Gottes mit seinem Volk noch lange nicht am Ende, wenn Land und Tempel verloren sind. Israel hat seine harte Lektion gelernt, indem das Exil es geschüttelt hat. Was so gereinigt und ausgesiebt wurde, das hat Zukunft und bleibt.

An jenem Tag richte ich auf
die zerfallene Hütte Davids,
und ich vermauere ihre Risse,
und ihre Trümmer richte ich auf,

> *und ich erbaue sie wie in vergangenen Tagen, ...*
> *Siehe, Tage werden kommen*
> *– Spruch JHWHs –,*
> *da folgt der Pflüger dem Schnitter auf dem Fuße*
> *und der Kelterer dem Sämann,*
> *da triefen die Berge von Traubensaft ...*
> *Da wende ich das Geschick meines Volkes Israel:*
> *Sie werden verödete Städte wieder aufbauen und*
> *sie bewohnen,*
> *Weingärten pflanzen und ihren Wein trinken,*
> *Gärten anlegen und ihre Früchte essen.*
> *Ich pflanze sie ein auf ihrem Erdboden,*
> *und sie werden nicht mehr herausgerissen von*
> *ihrem Erdboden weg,*
> *den ich ihnen gegeben habe,*
> *spricht JHWH, dein Gott. (Am 9,11-15)*

Mit der klassischen prophetischen Redeeinleitung „an jenem Tag" wird die beginnende Heilszeit verheißen. Die Anfänge des Volkes werden bescheiden durch das Bild der „Hütte Davids" umschrieben. Dadurch wird zusätzlich die dynastische Bedeutung des „Hauses Davids" vermieden, die stark mit Staatlichkeit und politisch agierendem Königtum verbunden ist. So knüpft Vers 11 an die alte davidische Verheißung an. Sie hatte dem Geschlecht Davids ewigen Bestand vorhergesagt. „Dein Haus und dein Königtum sollen durch mich auf ewig bestehen bleiben; dein Thron soll auf ewig Bestand haben" (2 Sam 7,16).

Der Blick in die noch fernere Zukunft verheißt, dass sich auch das Schicksal der Natur wandeln wird.

Alle angekündigten Katastrophen und Vergeblichkeiten aus den vorhergehenden Kapiteln werden hier wieder zurückgenommen. Reiche Erntebilder bestimmen die Szene. Vorher hatte es geheißen: „Ihr baut Häuser aus behauenen Steinen und wohnt nicht darin, ihr legt prächtige Weinberge an und werdet den Wein nicht trinken" (Am 5,11). Jetzt aber hat sich das Bild gewandelt: Verödete Städte werden wieder aufgebaut, die Berge triefen von Traubensaft, der Ertrag ist überreich. Mit den Bildern aus der Landwirtschaft ist zugleich ein zweites wichtiges Thema erreicht. Das Land wird wieder und endgültig in Besitz genommen. War es das Kennzeichen des Exils, gerade fernab des Gelobten Landes und fern vom Zion weilen zu müssen, so wird die Heilsgabe, die schmerzlich entbehrt wurde, nun sichtbar wiedererlangt. Ziel der Befreiung aus dem Sklavenhaus Ägyptens war immer das Land, nicht die Wüste. Dieses sichtbare Zeichen des Segens Gottes bringt nun seinen Ertrag.

So wie das Volk Israel nun das Land wieder bebauen und dort ernten darf, so handelt Gott an seiner eigenen Pflanzung. Er selbst pflanzt sie wieder in ihr Land ein und wird dafür Sorge tragen, dass sie niemals wieder ausgerissen werden.

Ganz markant schließlich ist das Buchende, denn die Formulierung „dein Gott" gibt es im ganzen Buch nur ein einziges Mal, hier, als Abschluss: „Spricht JHWH, *dein Gott*".

Die Verkündigung des Amos vom Ende Israels war nicht Gottes letztes Wort. Die Geschichte Gottes mit seinem geliebten Volk geht weiter. Die Wende zum

Heil ist an keinerlei Bedingung geknüpft. Es fällt weder ein Wort der Anklage noch der Ermahnung. Gott selbst bindet sich durch sein Wort. Wo menschliches Handeln versagt oder treulos geworden ist, da kommt Gottes Treue dem Menschen entgegen. Dieses großartige Zeugnis des Buches Amos trägt uns Gläubige durch die Jahrhunderte.

III. GEISTLICHE AUSLEGUNG

Gottes dunkle Seite

Eine Botschaft, die mit dem Brüllen Gottes vom Zion her beginnt, mag wie aus einer anderen Welt kommend erscheinen. Die zeitliche und räumliche Verortung durch die Buchüberschrift ist kaum dazu geeignet, diese Kluft zu überbrücken. Wo die Ortschaft Tekoa lag (20 km südlich von Jerusalem), wissen nur geschichtlich bzw. geografisch besonders Interessierte, König Usija von Juda und König Jerobeam von Israel waren Könige eines Staatswesens, das an die Bedeutung der großen Nachbarvölker wie Ägypten und Mesopotamien selbst in seinen Glanzzeiten nicht heranreichen konnte. Im Allgemeinen gehören die Königslisten deshalb nicht zu denjenigen Namen, die dem durchschnittlich Gebildeten aus dem Geschichtsunterricht geläufig wären. Die beiden Reiche Israel und Juda aus dem 8. Jahrhundert vor Christus haben mit dem heutigen Staat Israel nicht mehr viel gemein – außer der großen und sinnstiftenden religiösen Überlieferung.

Dort also brüllt Gott wie ein Löwe – und ein von ihm Beauftragter gibt dem Volk die Worte weiter.

Das Bild eines brüllenden Gottes sperrt sich mit den geläufigen Gottesbildern. Nicht nur ob des kräftigen, fast gewalttätigen Bildes – Sturm und Braus lassen sich ja vielleicht noch mit einer Gotteserscheinung zusammendenken. Prägend geworden ist aber

eher die Szene, in der dem Propheten Elija eine Gotteserfahrung zuteilwird, die genau ein Gegenbild zum
starken und mächtigen Auftreten zeichnet:

> *Da sprach der Herr: Komm heraus und tritt auf*
> *dem Berg vor den Herrn hin! Und siehe, der Herr*
> *zog vorüber: Ein starker, heftiger Sturm, der die*
> *Berge zerriss und die Felsen zerbrach, ging dem*
> *Herrn voraus. Doch der Herr war nicht im Sturm.*
> *Nach dem Sturm kam ein Erdbeben. Doch der*
> *Herr war nicht im Erdbeben. Nach dem Beben*
> *kam ein Feuer. Doch der Herr war nicht im Feuer.*
> *Nach dem Feuer kam ein sanftes, leises Säuseln.*
> *Siehe, als Elija das vernahm, hüllte er sein Ge-*
> *sicht in den Mantel, trat hinaus und stellte sich*
> *an den Eingang der Höhle. (1 Kön 19,11-13)*

Weder Sturm noch Erdbeben noch Feuer – der sanfte
Hauch zeigt Elija, dass nun die Gottheit selbst vorübergegangen ist, und lässt ihn die Heiligkeit des Au-
genblickes spüren.

Mit dem Stichwort des Vorübergehens verbindet
sich Elijas Geschichte mit der Botschaft des Propheten Amos. Amos muss Gott als denjenigen verkünden, der keinesfalls einfach immer nur verschonend
vorüberzieht. Wie eine Zurücknahme der Exoduserfahrung klingt darum seine Drohrede „Ich werde
nicht noch einmal vorübergehen." In jener fernen
Nacht des Auszugs aus Ägypten waren die Häuser
der Israeliten geschützt und Gott ging verschonend
vorüber. Der Vorübergang konnte zum regelrechten

Namen für die Ereignisse des Exodusgeschehens werden. Genau dasselbe markante Verb (vorübergehen – 'abar) wird im Buch Amos insbesondere im Visionszyklus verwendet. Gott kündigt an, nicht noch einmal vorübergehen zu können. Die Exoduserfahrung des in Ägypten geknechteten Volkes, innerhalb einer Nacht unvorstellbar großen Unheils verschont zu werden, weil der Herr an den eigenen Häusern schonend vorübergegangen ist, wird Israel nun nicht noch einmal zuteil.

Für heutige Glaubensverkündigung ist diese als dunkel erlebte Seite der Gottesbotschaft weniger denn je zugänglich. Weil in den vorausgegangenen Jahrzehnten die drohende Seite desjenigen Gottes, der wirklich alles sieht, überbetont worden war, hat die Verkündigung sich auf die freimachende Botschaft des liebenden Gottes konzentriert. Das ist richtig und das ist gut und angemessen. Wenn die Rede sich aber derart ausschließlich auf den „lieben Gott" konzentriert, geht damit eine Facette des Gottesbilds regelrecht verloren. Sie kommt bei bestimmten Gelegenheiten – dann oft abrupt und mit großer Wucht – an die Oberfläche, wenn sich etwa schlimme Unglücksfälle ereignen, wo die Rede vom „lieben Gott" zu kurz greift und darum nicht trägt. Schweigt Gott, ist er abwesend, straft er gar, entzieht er sich alldem auf ganz andere Weise? Die Sprache darf sich nicht zu eng auf bestimmte bevorzugte Gottesbilder festlegen lassen, wenn das Zeugnis der Bibel den Erfahrungshorizont doch so viel weiter gespannt hat.

Zugleich muss eine ganz grundsätzliche Bemerkung dem allem noch vorangestellt werden: Alles Reden von Gott hat metaphorischen Charakter. Bei Aussagen wie etwa „Gott ist der Fels meines Heiles" sind sich die meisten des metaphorischen Charakters der Aussage durchaus bewusst. Die Bildlichkeit wird sozusagen gleich mitgeliefert. Anders verhält es sich mit einem solchen Satz wie „Gott ist die Liebe". Nicht wenige wären geneigt, hier eine wirkliche Aussage über eine Wesensart Gottes im Sinne einer begrifflichen Bestimmung zu erkennen. Das aber ist nicht zutreffend. Der Satz „Gott ist die Liebe" ist eine ebensolche metaphorische, d. h. bildliche Rede von Gott wie die vom „Fels meines Heils".

Unsere menschliche Sprache bezieht sich zwar wirklich auf Gott, wenn wir von ihm reden, sie kann ihn jedoch nicht ganz und gar erfassen. Das 4. Laterankonzil formulierte im Jahr 1215 dazu den bis heute gültigen und klassisch gewordenen Satz: „Denn zwischen dem Schöpfer und dem Geschöpf kann man keine so große Ähnlichkeit feststellen, dass zwischen ihnen keine noch größere Unähnlichkeit festzustellen wäre" (DH 806). Gott ist über alles, was wir verstehen oder sagen können, unendlich erhaben. Insofern ist er der verborgene Gott (Jes 45,15).

Dort, wo die Bibel vom Zorn Gottes spricht, meint sie damit keine überzeitliche Eigenschaft oder ein überzeitliches Wesensmerkmal Gottes, sondern es geht um Gottes Taten in der Zeit. Anders gesagt, werden menschliche Erfahrungen mit Gott in dieser Art und Weise ausgedrückt.

Eine Eigentümlichkeit des biblischen Gottesglaubens besteht in seinem Umgang mit Bildern: Während das Bilderverbot im Bereich des Kults eine herausragende Stellung einnimmt, scheint es sich mit den sprachlichen Bildern genau anders zu verhalten – diese finden sich in großer Zahl. Gottes Geheimnis und Einzigartigkeit wird also vor allem dadurch gewahrt, dass das menschliche Sprechen sich dem Geheimnis in einer Vielzahl von sprachlichen Bildern annähert. Diese können und sollen nicht reduziert und auf wenige oder gar ein einziges eng geführt werden. Es ist eine Stärke, keine Schwäche der biblischen Rede von Gott, wenn sie mehrdimensional ist und bleibt. Weil die Gottesbilder sich aus den ganz und gar unterschiedlichen Erfahrungen der Menschen mit Gott speisen, bleiben sie vielgestaltig. Gleichrangig hingegen sind sie nicht. Gottes Zorn und Barmherzigkeit stehen nicht gleichrangig nebeneinander. Dennoch bleibt es auszuhalten, dass Gott sich den Menschen auch in seinem Zorn erschlossen hat.

Zorn ist im ganzen Alten Orient eine Tugend des Herrschers und damit eine politische Kategorie. Sie ist durchaus positiv besetzt, was überraschen mag. Solcher Zorn ist kein unkontrollierter Ausbruch willkürlicher Emotionen, sondern ein höchst anspruchsvolles und durchaus kontrolliertes Handeln angesichts sichtbar gewordenen Unrechts.

So entbrennt der göttliche Zorn, wenn Israel seinem gerechten Walten, das ein gedeihliches Leben fördern will, Widerstand entgegensetzt. Der göttliche Zorn richtet sich darauf, diesen Widerstand zu vernichten. Der göttliche Zorn wird, wie beim politischen Herrscher, nicht nur negativ bewertet, vielmehr kann er gerade Zeichen und Größe der Souveränität Gottes sein.

Und zugleich gibt es im Zwölfprophetenbuch ein wunderbares Beispiel dafür, wie beim Ringen zwischen Zorn und Barmherzigkeit Gottes die Barmherzigkeit Gottes die Oberhand behält und den Sieg davonträgt:

> *Wie könnte ich dich preisgeben, Efraim,*
> *wie dich aufgeben, Israel?*
> *Wie könnte ich dich preisgeben wie Adma,*
> *dich behandeln wie Zebojim?*
> *Mein Herz wendet sich gegen mich,*
> *mein Mitleid lodert auf.*
> *Ich will meinen glühenden Zorn nicht vollstrecken*
> *und Efraim nicht noch einmal vernichten.*
> *Denn ich bin Gott, nicht ein Mensch,*
> *der Heilige in deiner Mitte.*
> *Darum komme ich nicht in der Hitze des Zorns.*
> *(Hos 11,8-9)*

Dies ist kein Zeichen von Schwäche, sondern Anzeichen der Heiligkeit Gottes. Zugleich wird der Mensch hier in seine Grenzen verwiesen. Dem Menschen ist es nicht möglich, wirklich und definitiv (im Wortsinne „Grenzen setzend") zu wissen, wie Gott letztlich handeln wird. Die Schlüsse, die jemand aus bestimmten Umständen und der Erfahrung zu ziehen vermag, greifen doch immer noch zu kurz: Gott bin ich, kein Mensch.

Gott kann ganz anders handeln, als es vielleicht zu erwarten wäre. Diesen Lernprozess stoßen die Propheten an, Amos nicht weniger als Hosea. Dem Menschen wird zugesprochen, dass Gottes Entscheide sich jenseits aller menschlichen Kategorien abspielen können.

Die Rede von Gottes Zorn und von seinem Strafhandeln gehört zur gesamtbiblischen Rede von Gott. Sie kann nicht – selbst aus vermeintlich pastoralen Überlegungen – gänzlich ignoriert werden.

Pastoral angemessen wäre es aber, zu einem Verstehen zu verhelfen, diesen Zorn nicht als überzeitliche Wesenseigenart, sondern als ein aktives Tun und Handeln verstehen zu lernen, das im Dienst des umfassenden Heilswillens Gottes steht. Indem Gott nicht tatenlos zusieht, verhilft er der Gerechtigkeit zum Durchbruch.

Für den Alten Orient lautete die Theodizeefrage: Warum lässt unsere Gottheit, die doch retten will, es zu, dass wir unterdrückt werden? Der große Vorspann zum eigentlichen Exodusgeschehen stellt sich exemplarisch dieser Frage. Ist diese Gottheit zu schwach zum Retten und daher dem Pharao unterlegen? Diese Fragen führen – im Exodusbuch ebenso wie in den Völkersprüchen etwa des Amosbuchs – zur These, dass JHWH weder zu schwach noch zu zögerlich ist, sondern die Verzögerung der Rettung von ihm selber provoziert sei: Sie dient dem Erweis seiner Macht. Deren Demonstration wird dadurch noch gesteigert, dass selbst Großreiche vorerst als Werkzeuge Gottes benutzt werden. Führen sie jedoch diese Funktion nicht dem Willen JHWHs gemäß aus, müssen auch sie schließlich erkennen, dass nur das geschieht, was in seinen Plänen steht, nämlich die Rettung seines Volkes.

Wo Worte nicht helfen, das Unrecht aus der Welt zu schaffen, muss die befreiende Handlung folgen – wenn sich diejenigen, die die Unterdrückung sehen, nicht durch Wegsehen schuldig machen wollen. Nicht zu handeln würde in einer solchen Situation heißen, dem Gewalttäter Recht zu geben und das Unrecht siegen zu lassen. Und genau hier ist JHWHs strafendes Handeln zu verorten.

Alter Orient – Arabischer Frühling

Die Eingangsverse des Buches Amos machen die weite räumliche und zeitliche Kluft zu heutigem mitteleuropäischem Bewusstsein deutlich. Doch schrumpft diese Kluft rapide, wenn in den Nachrichten dieser Tage seit dem Anbruch des sogenannten Arabischen Frühlings die Namen Syrien oder Damaskus fallen – und wie vor Jahrtausenden sind es ganz und gar beängstigende Nachrichten. Uns erreichen Bilder, in denen nach wie vor Menschenrechte mit Füßen getreten und die Schwächeren ihrer Lebens- und Freiheitsmöglichkeiten beraubt werden. Angesichts dieses Einbruchs von Neuigkeiten – ganz und gar heutig und doch leider uralt und sich wiederholend – schmilzt der Abstand zwischen Damals und Heute.

Und damals wie heute konzentriert sich die Aufmerksamkeit in besonderer Weise auf die Herrscher in den Palästen und Regierungssitzen. Dort bündelt sich die Macht. Von dort geht Friede und eine gerechte Staatsform aus – oder eben nicht.

Bruderkriege, Leichenschändungen und Gewalt sogar gegen schwangere Frauen, all das ist keineswegs nur das Echo aus einer längst vergangenen Zeit. Genauso zeitenthoben wie die Sehnsucht nach Heil ist offensichtlich auch die menschliche Neigung zu

Gewalttat und Verbrechen. Die menschliche Fantasie, die auf die unterschiedlichsten und eigentlich unvorstellbaren Gräueltaten kommt, ist dabei schier unerschöpflich – und das ebenfalls durch die Jahrhunderte hindurch, traurig zeitlos.

Die Teilstaaten Juda und Israel des 8. Jahrhunderts vor Christus haben vermutlich ebenso wie die Kirche in unserer Zeit das Verbrechen vor allem außerhalb der eigenen Grenzen wahrgenommen. Umso überraschender kommen in den ersten Kapiteln des Amosbuchs nach den Fremdvölkerstrophen die Anklagen gegen Juda selbst:

> *So hat JHWH gesprochen:*
> *Wegen der drei Verbrechen von Juda,*
> *ja wegen der vier nehme ich es nicht zurück:*
> *Weil sie die Weisung JHWHs verwarfen*
> *und seine Satzungen nicht beachteten*
> *und ihre Lügen sie in die Irre führten,*
> *denen schon ihre Väter nachliefen.*
> *(Am 2,4)*

Wenn Gottes Gesetze verworfen wurden, dann steht alles auf dem Spiel. Und auch das scheint kein punktuelles Vergehen zu sein – schon die Generation vor der jetzt angeklagten, die Väter, sind den falschen Göttern nachgelaufen.

Die Judastrophe konzentriert sich darauf festzustellen, dass Gottes Gebote insgesamt missachtet werden. Die Israelstrophe, die sich daran anschließt, wird konkreter und macht die Verbrechen anschaulich.

Vielleicht ist unseren eigenen Tagen die Selbstverständlichkeit abhandengekommen, bestimmte Ereignisse unmittelbar auf Gottes Wirken zurückzuführen. Gottes Wort als Paukenschlag und ganz und gar unmissverständlich, so hätten wir es gerne. Aber so ist es nicht.

Ist der Zeuge, der Prophet, glaubhaft – von dieser Einschätzung hängt alles ab. Nichts und niemand kann von der Antwort auf diese Frage dispensieren. Die Auslegung und Übertragung in die jeweilige Zeit gehört grundlegend zum Umgang mit dem Wort Gottes hinzu. Die Botschaft ist nie ohne jede Brechung oder Vermittlung zu haben. So lehren es die Zeugnisse der Schrift wie auch die langen Jahrhunderte der Auslegung des Glaubensschatzes. Genau das zu akzeptieren, fällt nicht immer leicht. Wäre es nicht doch oft schöner und auch leichter, genau zu wissen, was in dieser und jener konkreten Situation Gottes Wille ist?

Doch zurück zu Amos: Die Verquickung und enge Verflechtung zwischen den Vergehen, die das mitmenschliche Zusammenleben betreffen, und denen, die auf kultische Bestimmungen zielen, fällt auf. Wer den Mitmenschen nicht mehr achtet und ihm sein Recht nicht zugesteht, der bricht auch in Gottes Sphäre ein und respektiert die Zone des Heiligen nicht mehr.

Dies muss umso stärker gegeißelt werden, da so der Machtbereich desjenigen Gottes verletzt wird, der Israel überhaupt erst zu einem freien Volk werden ließ. Und darum ist es jetzt genug!

Genug

So wie es im zwischenmenschlichen Miteinander Grenzen des Erträglichen gibt, so kommt auch Gott schließlich zum Fazit: „Jetzt ist es genug." Das Verhältnis spiegelt manches von dem wider, was sich zwischen Eltern und Kindern ereignet. Auch Eltern kennen die langen Aufzählungen dessen, was sie alles für die Kinder getan haben und immer noch tun. Und trotzdem – die Kinder handeln wieder und wieder in unverständlicher Weise und missachten dabei ihre Herkunft und das Gute, das sie erfahren haben. Wieder und wieder verzeihen die Eltern, bis irgendwann der Punkt kommt: Genug. Es reicht jetzt!

Letztlich wird dieser Punkt nicht überraschend erreicht. Eigentlich hätte man die Entwicklung kommen sehen müssen. Die Anzeichen waren wirklich überdeutlich. Und so wie dies für das menschliche „Genug" gilt, so gilt es nicht minder für Gottes „Genug".

Keine Wirkung ohne Ursache. Aber auch: keine Ursache ohne Wirkung. Diese Regel, die aus dem Alltagsleben vertraut ist, überträgt Gott selbst in dieser aufgeladenen Situation auf Israel und die Botschaft, die es erhalten hat.

Noch einmal wird die herausgehobene und bevorzugte Stellung Israels betont. Nur Israel allein hat Gott erwählt – wie sollte er nun all das Böse

ungestraft lassen, das sich fortwährend in seinem
auserwählten Volk ereignet?

Mit rhetorischen Fragen wird Israel aufgerüttelt,
damit es den Ernst der Lage begreifen möge – keine
Wirkung ohne Ursache! Die gewählten Vergleiche
lassen eine Unheilsbotschaft ahnen, denn bis auf den
ersten, der die relativ neutrale Situation einer Begegnung umreißt, handelt es sich um das Wortfeld von
Beute, Jagd und Angriff. Wenn JHWH Israel nun als
Löwe begegnet, so kann es sich auf etwas gefasst machen!

Eindringlich nimmt die Mahnung ihren Verlauf,
die Missetaten werden aufgezählt und erreichen ein
schier unerträgliches Maß. Alles bündelt sich in der
Feststellung, dass nicht mehr recht gehandelt wird.
Wie andernorts Schätze gesammelt werden, so häufen sich Gewalttat und Frevel. Mit solch einem Schatz
ist aber kein Staat zu machen!

Zu Zeugen für diese Bilanz werden ausgerechnet
die Feinde Israels bestellt, Assur und Ägypten. Genau
die Widersacher bekommen damit in der dramatisch
angeordneten Szene vor Augen geführt, wie es um Israel und Juda bestellt ist. Als herbeigerufene Beob-
achter auf dem Berg vernehmen sie JHWHs Schuld-
spruch. Hier kommt ein neuer Aspekt hinzu, der
Beachtung verdient: die Beschämung.

Wie viele der antiken Kulturen ist Israel, damit
vielleicht noch heutigen asiatischen Gesellschaften
vergleichbar, eine sogenannte Schamkultur. Wer sein
Gesicht verliert, der gehört nicht mehr dazu, der erleidet den sozialen Tod. Leben im Vollsinn ist nur in der

Gemeinschaft möglich, der Abbruch der personalen Beziehungen bedeutet einen Eintritt in die Sphäre des Todes. Wessen üble Taten ans Licht gekommen sind, der wird es schwer haben, noch einen Platz in der Gemeinschaft zu finden. Wer den akzeptierten Normenkanon einer Gruppe oder Gesellschaft übertritt, der sondert sich selbst ab und wird damit konsequenterweise auch von den anderen ausgeschlossen. Die Beschämung oder der „Gesichtsverlust" macht dann nur noch das offenbar, was ohnehin schon geschehen ist – gravierendes, regelwidriges Verhalten, das als Sanktion den Ausschluss aus der Gruppe nach sich zieht.

Wenn hier mehr oder weniger das ganze Volk angeklagt wird, steht im Hintergrund ein Phänomen, das sich damals wie heute beobachten lässt: Schlechtes Handeln kann anstecken. Es kann durchaus ein klein wenig anstrengender sein, sich nicht in den Sog einer um sich greifenden unmoralischen Stimmung hineinreißen zu lassen. Dort, wo es rechts und links um einen herum mit der Wahrheit im Alltag, im Geschäftsleben oder in anderen Feldern nicht ganz genau genommen wird, fragt der Rechtschaffene sich irgendwann, ob er der Dumme ist. Hier eine kleine Trickserei, schließlich der erste Rechtsbruch, die erste massive Unwahrheit. Auf diesem Weg gibt es nur schwerlich ein Halten, jedenfalls ist die Gefahr vorhanden, dass sich eine Eigendynamik entwickelt. Wenn die Stimmung in einer Gruppe oder in einer Gesellschaft einen bestimmten Punkt überschritten hat, braucht es die bewusste Entscheidung für das

Einhalten der Regeln und Normen. Aber – und auch das machen viele Texte der Schrift deutlich – die Regeln und Weisungen wollen das Leben fördern, nicht die Menschen überfordern. Sie verhelfen zur Orientierung und geben Halt. Israel kann sie wirklich halten.

> *Dieses Gebot, auf das ich dich heute verpflichte, geht nicht über deine Kraft und ist nicht fern von dir ... Nein, das Wort ist ganz nah bei dir, es ist in deinem Mund und in deinem Herzen, du kannst es halten. (Dtn 30,11.14)*

Heiliger Rest

Wenn die angedrohte Verwerfung wirklich dem ganzen Volk gilt, wie kann es dann überhaupt noch eine Zukunft geben? Zum ersten Mal taucht leise das Thema des „Restes" auf. In jeder Gruppe, in jedem Volk, wird es doch immer eine – und sei sie noch so kleine – Zahl an Menschen geben, die nicht einfach mittun mit dem Bösen. Es wird doch einen Rest geben, der treu an dem festhält, was recht ist. So wie auf der einen Seite der Gedanke der Zerstörung, der Reduktion zum Rest gehört, so ist es auf der anderen Seite der Gedanke einer ursprünglich vorhandenen oder wiederherzustellenden Vollzähligkeit. Menschen werden durch Krieg und verschiedenstes Unheil dezimiert. Dort, wo kein Rest übrig bleibt, ist die Vernichtung vollkommen und unwiderruflich. Eine solche Vernichtung mit Stumpf und Stil („seine Früchte oben und seine Wurzeln unten") wurde in Am 2,7 erinnert, dort galt sie den Amoritern, Feinden Israels. Nur, wenn überhaupt ein Rest vorhanden ist, kann die Geschichte weitergehen. Kennt Amos also einen Rest?

„Deshalb schweigt der Einsichtige in dieser Zeit, denn es ist eine böse Zeit" (5,13). Vermutlich erhascht der Leser hier den Zipfel, der ihm Einblick gewährt in die nicht rettungslos verlorene Lage. Zwar kann der weise und einsichtige Einzelne sich angesichts des

Unrechts, das um sich greift, und der Rechtsbeugung, die zum Normalfall geworden ist, kein Gehör mehr verschaffen – aber es gibt ihn. – Wird er einfach mit allen hinweggerafft?

Die Existenz eines Restes wird so zum Ausdruck der Kontinuität und der Identität. Vermutlich handelt es sich beim Vers von Am 5,15 um den frühesten biblischen Beleg überhaupt, der den „Rest" (hier Rest Josefs) ausdrücklich nennt. Der „Rest Israels" oder „Heilige Rest" wird im Laufe der Zeit und nach den unzähligen Katastrophen schließlich zur zugleich demütigen wie stolzen Selbstbezeichnung des wahren Israel. Das Konzept des Restes umfasst sowohl die Erinnerung an ein Gericht als auch den Gedanken der bleibenden Erwählung und Treue Gottes.

Sich ethisch und gläubig richtig zu verhalten – ohne jeden Seitenblick auf solche, die anders handeln –, ist die einzige Haltung, mit der Gottes Weisung befolgt wird. Das schärft Amos als Glaubenszeuge der Bibel nicht nur seinen eigenen Zeitgenossen ein, diese Mahnung gilt bis heute und wird nie überholt sein.

Vom wahren Gottesdienst

Regelmäßig den Gottesdienst besuchen, die religiösen Feste feiern, sich an die kultischen Regeln und Vorschriften halten – all das dürfte im Großen und Ganzen die unterschiedlichen Religionen verbinden, weil darin ein Normenkanon formuliert wird, durch den ersichtlich wird, ob jemand zu den Gläubigen gehört oder nicht. Doch der ganze Kult hat eine Innenseite: Man ist nicht schon dann mit Gott im Reinen, wenn man die Regeln befolgt. Gegen einen solchen äußerlichen oder rein formalen Begriff von Kult wenden sich die Propheten schon sehr früh und sehr vehement. Dort, wo die mitmenschlichen Forderungen nach Gerechtigkeit und Nächstenliebe nicht in gleicher Weise aufmerksam beachtet werden wie die rituellen Regeln, dort ist der Kultbetrieb hohl und steht in höchster Gefahr, zur Heuchelei zu verkommen. Psalmen und Propheten betonen die Gesinnung, in der das Gebet und der Gottesdienst zu erfolgen haben. Die formale Angemessenheit wird dann zweitrangig. Nichts davon hat an Aktualität eingebüßt. Jede religiöse Gemeinschaft braucht die Versammlung und den Gottesdienst, um sich ihrer innersten Mitte zu versichern und durch Wort und heilige Handlung den „Kraftstrom vom und zum Himmel" offenzuhalten. Das allein aber genügt nicht. Wenn dieses Zentrieren um die Mitte nicht spürbare

Auswirkungen in den Alltag und die tägliche Praxis des menschlichen Lebens hinein hat, dann bleibt es hohl. Die Gottesrede in Am 5,25 treibt die entscheidende Beobachtung mit einer Frage auf die Spitze:

> *Habt ihr mir Schlachtopfer und Speiseopfer vierzig Jahre lang in der Wüste dargebracht, Haus Israel? (Am 5,25)*

Israel wusste sich in der Wüstenwanderung in besonderer Weise von Gott geführt und in seiner Gegenwart. In dieser Zeit größter Gottesnähe allerdings existierte der Kult, der sich erst im Gelobten Land ausdifferenziert hatte, noch gar nicht. Offensichtlich hängt also die Gottesnähe nicht an dieser Art der Verehrung, denn wie sonst hätte Israel Gott in der Wüste derart nahe begegnen können?

Die sinnstiftende und das Volk unter einer gemeinsamen Überlieferung vereinende Erzählung des Exodusgeschehens wird nicht müde, die Anfänge Israels derart narrativ zu fixieren, selbst wenn durch andere Zeugnisse innerhalb der Schrift hindurchschimmert, dass die Volkwerdung Israels ein durchaus heterogener und mehrschichtiger Prozess war. Damit einhergehend wurden auch kultische Elemente verschiedener Herkunft teilweise aufgenommen, weitergeführt oder bewusst transformiert. Kult und Gottesdienst entstehen nicht aus dem Nichts, obwohl speziell diejenigen Traditionen, die durch Exoduserzählung und deuteronomische Geschichtsdarstellung geprägt sind, dies übermalen.

An die grundlegende Erfahrung der Gottesnähe beim Exodusgeschehen, als Gott Israel mit starker Hand herausführt, muss das Volk sich erinnern lassen. Amos sieht, wie andere Propheten auch, die Wüstenzeit als die Idealzeit des Bundesverhältnisses zwischen Gott und seinem Volk an. Die Selbstverständlichkeiten eines sesshaften Lebens im eigenen Land, zu der verschiedene Strukturen und Systeme notwendigerweise hinzugehören, hat ihre eigene Berechtigung, die Strukturen dürfen aber dennoch die Ursprungserfahrung nicht verdecken. So sehr Staat und Tempel sinnvolle Einrichtungen sind, so sehr sie das Gemeinwesen und die Religion fördern können – sie tun dies dennoch nicht zwangsläufig. Und umgekehrt ist das Fehlen dieser Institutionen auch nicht automatisch ein Anzeichen von Gottlosigkeit und Missständen. Israel soll vielmehr aufpassen – und um nichts weniger geht es in der Drohung –, dass es nicht in der Verbannung von all diesen vermeintlichen Sicherheiten wieder abgeschnitten wird.

Vielleicht ist zur Aktualisierung ein Ausblick in die Gegenwart erlaubt, hinein in Gesellschaften, die aufgrund widriger Umstände keine großartigen und feierlichen Gottesdienste öffentlich und ungehindert begehen können. So sehr mit einer Situation von Bedrängnis und Verfolgung die Gefahr eines Glaubensverlustes einhergeht, so sehr kennt die Geschichte gerade auch mannigfache Berichte des genauen Gegenteils. Gerade die Untergrundkirchen, die verfolgten Gemeinschaften, zeichnen sich oft durch die Glaubensstärke und Glaubenstreue ihrer Mitglieder aus. Unabhängig davon, ob in formaler Hinsicht der Kult regelgerecht vollzogen werden kann, wird man hier doch in jedem Falle genau unabhängig von den äußeren Umständen einen starken Glauben bezeugen können. Diese Beispiele sind Mahnung und Ansporn zugleich. Dort, wo es geht, dort kann und soll vieles an Mühe, Anstrengung und Eifer in den Kult hinein investiert werden – aber immer im Bewusstsein, dass nicht der Mensch es „machen" kann. Die innere Haltung, die rechte und gläubige Einstellung allein sind das Entscheidende.

Mystik oder Literatur?

Ein von harter Arbeit lebender Mensch wie der Viehhirte und Maulbeerfeigenzüchter Amos wird vermutlich nicht unter psychischen Überspanntheiten gelitten haben. Keine überreizte Fantasie scheint hier
einem religiös Übereifrigen Visionen vorgegaukelt zu
haben. Was hat also in den Visionen seinen literarischen Niederschlag gefunden? Immerhin gilt das
Buch Amos Juden wie Christen bis heute als Heilige
Schrift.

Grundlegend rechnet die Schrift mit den Phänomenen von Träumen und Visionen. Es gibt Bewusstseinszustände und Erfahrungen, die sich am Rande
unseres Alltagsbewusstseins abspielen und die dennoch – oder gerade deshalb? – ihre Wahrheit haben.
Gott selbst kann der Ursprung einer solchen Erfahrung sein. Traum, Vision, unmittelbares und nicht
mehr hinterfragbares Überzeugtsein von bestimmten Inhalten – je nach soziokulturellem und religiösem Hintergrund finden sich unterschiedliche Bilder
und Sprachmuster für derart Erlebtes, denen eines
gemeinsam ist: die Gewissheit dessen, der sie erlebt
hat. Eine so empfangene Erfahrung vermag sehr
nachhaltig das Handeln zu beeinflussen. Etwas wird
innerlich mit einer Sicherheit erkannt, die unumstößlich ist. Diese Wahrheit drängt zum Zeugnis
und zur Tat. Wer überzeugt ist, eine wirklich und

wahrhaftig göttliche Botschaft empfangen zu haben, der kann sie von da ab nicht für sich behalten. Diese Grundkonstante durchzieht die Selbst- und die Fremdzeugnisse der biblischen Propheten nicht minder als die Glaubenszeugnisse der Kirchengeschichte. Das Wort will verkündet werden.

Wie weiter oben in der Einleitung dargelegt wurde, empfand man Träume und Schauungen aber durchaus schon zu biblischen Zeiten als ambivalente Phänomene, gerade weil sie sich jeder Nachprüfbarkeit entziehen. Neben der gewissen kritischen Distanz, die allzu große Leichtgläubigkeit und Schwärmerei verhindert, wird aber stets damit gerechnet, dass sich wirklich Außergewöhnliches auf diesem Weg ereignen kann. Die Unterscheidung der Geister angesichts eines derartigen Zeugnisses tut also damals wie heute not.

Wenn Räume und Wahrheiten eröffnet werden, die das Alltägliche übersteigen, so wundert es nicht, wenn dazu auch außergewöhnliche sprachliche und literarische Formen bemüht werden. Ganz verlassen allerdings kann die Sprache den ihr eigenen Raum nicht – die Grenzen der Sprache sind zwar nicht die Grenzen der Welt, aber doch die Grenze dessen, was anderen vermittelt werden kann. So gewaltig die Bilder der Visionen, die Amos schaut, auch sind, so ist bei all ihrer Wucht die dahinter liegende Wirklichkeit doch zumindest ahnbar. Amos will verstanden werden. Es wird nichts beschrieben, was nicht von den Hörern und Lesern visuell nachempfunden werden könnte. Eine ganz und gar hermetische und damit unzugängliche Botschaft könnte keine Wirkung entfalten. Und genau um das Aufrütteln geht es dem ganzen Buch Amos.

Die Schrift öffnet denen, die Ohren haben zu hören, in den Spuren derer, die Gottes Wort ereignishaft erfahren durften, den Weg zum Leben.

Nachwort

Starke Bilder von Gottes Wort, seinen Drohungen wie seinen Verheißungen – das Buch Amos ist keine ganz leichte Kost. Niemals überholte Anklagen angesichts sozialer Ungerechtigkeiten – das Buch Amos ist erstaunlich aktuell. Visionen einer bald anbrechenden Heilszeit – das Buch Amos trifft die Sehnsucht nach gotterfüllter Gegenwart, in der Frieden herrscht.

Im Laufe vieler Jahre konnte ich mich auf unterschiedlichen Wegen dem Propheten Amos annähern – in Studium und akademischer Lehre, schließlich im Rahmen der Revision der Einheitsübersetzung der Heiligen Schrift.

Im zweiten Halbjahr 2011 erschien in der Zeitschrift „Christ in der Gegenwart" eine Reihe mit Auslegungen zum Buch Amos, sie bilden das Grundgerüst. Dem Verlag Katholisches Bibelwerk bin ich dankbar für die Möglichkeit, eine deutlich erweiterte Fassung der Auslegungen nun in Buchform vorlegen zu können. Herrn Tobias Dulisch, der das ganze Projekt angeregt hat, gilt mein Dank für die sympathische und unkomplizierte Zusammenarbeit mit dem Verlag. PD Dr. Ralf Rothenbusch hat nicht nur Korrektur gelesen, sondern auch die ein oder andere Anregung beigesteuert – danke!

Claudia Sticher